現場から考える製造業のDX

DX TODAY編

JAPANESE MANUFACTURING INDUSTRY WILL BE REBORN.

横河デジタル株式会社
清水 誠［DX TODAY発行人］

Discover BP
ディスカヴァー ビジネスパブリッシング

はじめに

横河デジタル株式会社
執行役員　ＤＸ ＴＯＤＡＹ発行人
清水 誠

ＤＸは「Ｄ」がデジタル化で「Ｘ」はトランスフォーメーションの略です。それをネーミングに取り入れた「ＤＸ ＴＯＤＡＹ」は、横河電機のお客様にご協力をいただきながら、製造業のＤＸを推進する際に有益な情報を、企業を横断する形で発信している弊社発行の季刊誌です。世の中的にはデジタルが先行していますが、「ＤＸ ＴＯＤＡＹ」にご登壇いただいたデジタルの責任者の皆様は、総じてデジタル化することが目的ではなく、トランスフォームを起こす手段としてデジタルを捉えています。

製造業のお客様に「ＤＸ ＴＯＤＡＹ」をお渡しすると大変喜ばれ、「誰々さんのＤＸにまつわる話は非常に良かった、あれはうちにぴったりだ」等の感想をいただくことが多いのですが、それは裏を返すと、全ての事例が自社に合っているわけではないということです。ＤＸに取り組む他社の事例を、自社の文化や方針と照らし合わせて適否を判断し、参考にされているのではないかと思います。

トランスフォームに向けた正解は1つだけではありません。そして、その過程やプロセスは実に様々です。

このようなことから、1つのパターンに沿ってDXの手順を解説した教科書的な書籍よりも、それぞれ違うプロセスを持つ複数の現場の事例をまとめてお見せするのはとても意味があることだと考えたわけです。本書では「DX　TODAY」にご登壇いただいた9社の様々な事例をまとめております。本書を手に取られた皆様の、DXを推進する際のヒントになれば幸いです。

現在、DX／ITは非常に複雑化しているにもかかわらず、肝心の人材育成が追いついていません。IT分野で後れを取った日本の製造業は先を行く世界の企業の背中を追い、必死にDXに取り組んでいます。このような現状にあって、会社の未来はデジタル部門責任者の肩に掛かっていると言っても過言ではないでしょう。

過去において、一部の業界を除いて事業会社の情報システム部門責任者は長く日の目を浴びない存在でした。例えば自動車メーカーなら車を作っている人に発言権があり、ITや情報システム系はメインストリームではないと。それが2000年代に入りインターネットが普及するとともにグローバル化が進みました。さらにＩＴなどの情報技術とデジタル技術の進化が加速し、２０２０年頃からビッグデータやＩｏＴ、ＡＩを活用した業務プロセスの改善＝ＤＸが差し迫った課題となっていることはご存じの通りです。

製造業に限定しての話になりますが、ＤＸが喫緊の課題と言われるようになり、コンサルティングファーム等がこのバズワードに乗ってビジネスを広げています。例えばＥＲＰを代表とする基幹システムの導入などを提案するわけですが、管理会計ができたからといって、トップラインが劇的に上がるわけではありません。

製造業でトップラインを伸ばすには基幹システムの導入も大切ですが、それ以上に製造現場の改革＝ＤＸを進めないと何も変わらないことは明らかです。実は多くのコンサルティングファームやＳＩｅｒ（エスアイヤー／顧客の課題解決のためのシステムを企画・構築し、その運用保守を請け負う）は、製造現場の知見をあまり持っていません。仮に理論をレクチャーしてシステムを入れることができても、稼働後に製造現場で起こる様々な問題への対応は難しいので、改革を声高に言うことができないのです。

製造の現場では、会社の屋台骨を支えてきた設備が昼夜を問わず稼働しています。ＤＸ

はまず「Ｄ」から始める必要がありますが、いずれも長い年月をかけて各社独自に最適化されてきた設備をデジタルに置き換えようとしても、そう簡単ではありません。また、デジタル化によって現場のデータを収集できるようになった上で「Ｘ」を進めるためには、現場改善のみにデータを活用するのではなく、会社の経営と現場のデータがリアルタイムで共有されなければなりません。データを民主化することが大事なのです。

現場のデジタルデータをクラウドに上げて、システムを導入すれば見栄えの良いダッシュボードができあがります。ですが、肝心の現場のデータをどのようにつなげばいいのでしょうか。一般的にＯＴ（Operational Technology／工場などの製造現場で利用されている設備やシステムを動かすための制御技術）のネットワークとＩＴのネットワークは、セキュリティの観点から分断されていることが多いのです。ＩｏＴ化が進む製造業においてサイバー攻撃のリスクは急速に高まっており、何よりセキュリティの視点が欠かせません。ＩＴとＯＴのネットワークを分断しておけばセキュリティの観点からは安全かもしれませんが、ＤＸ推進の阻害要因になるために対策が必要になってきます。

ＩＴとのＯＴネットワークがつながり、セキュリティ対策もされてデータの民主化ができると、ようやく「Ｘ」のトランスフォーメーションになります。様々なデータにＡＩを活用すると、想定外の新しい気付きが得られることでしょう。ＤＸにおいてＡＩは重要なファクターだと考えます。

製造業でのＡＩ活用の事例として、弊社のＡＩ（ＦＫＤＰＰ）がプラントを〝自律制御〟したことで、２０２３年3月に日刊工業新聞社の産業技術大賞の最高位である内閣総理大臣賞を受賞しました。ＯＴのデータが得られるようになると、このＦＫＤＰＰが活躍します。ＦＫＤＰＰは単なる人の代わりになるだけのＡＩではありません。同時に複数のデータを解析し、ＡＩでコントロールをし、歩留まりや品質の最適化を可能にします。しかもこのＦＫＤＰＰはアウトプットの目標値をピンポイントではなく、幅を持たせることもできるので、より効率化が図れるのです。

製造業は日本のＧＤＰの約20％を占めており、日本の経済活動において極めて重要な位置にあります。製造業である横河電機が取り組んできたＤＸの成功体験・失敗体験をもとに、日本の製造業をＤＸで元気にすることを目的として横河デジタルは設立されました。センサーから経営まで語ることができる製造業生まれのコンサルティングファームです。

お客様とともに、二人三脚でＤＸの実現に寄与できればと考えております。ご検討の際にはお声掛けいただけますと幸いです。

CONTENTS

第10章　横河のＤＸ　その始まり　237

第 1 章
旭化成のDX

chapter 1

DX conversation

横河デジタル株式会社
代表取締役社長

鹿子木宏明

×

旭化成株式会社
取締役兼専務執行役員／デジタル共創本部長

久世和資さん

久世和資さん

Kazushi Kuse

1987年に日本IBM入社。東京基礎研究所にてプログラミング言語やソフトウェアエンジニアリングの研究に携わる。2005年に執行役員。東京基礎研究所所長、システム開発研究所長、サービスイノベーション研究所長、未来価値創造事業部長等を歴任し、2017年に最高技術責任者(CTO)。2020年7月に旭化成に入社、執行役員エグゼクティブフェロー。2021年4月より常務執行役員 デジタル共創本部長。2024年4月より取締役 副社長執行役員 研究開発・DX統括。

鹿子木宏明のDX対談。第1回は、旭化成株式会社取締役兼専務執行役員、デジタル共創本部長である久世和資さんにお越しいただきました。同じ技術畑出身の二人が語り合った、DX導入の課題とその方法とは？

鹿子木　経歴をお聞かせいただけますか。

久世　大学と大学院でプログラミング言語やコンパイラ、システムソフトウェアを専門に学び、1987年にIBM基礎研究所に入社しました。主に新しい言語の開発などに携わり、ご縁があって2020年の7月に旭化成に入社しました。

鹿子木　情報系からメーカーへと分野がまったく異なりますが、戸惑いはありましたか。

久世　IBMでオブジェクト指向の言語開発、研究開発をしていた当時、これらを使いたいという要望が金融業や流通業、製造業のお客様からありまして。そうした課題解決のプロジェクトに加わる機会が多く、戸惑いはあまり感じませんでした。ただ、IBMは世界170か国以上に展開するグローバル企業です。30万人以上の社員が従事していますが、どこにどんな社員がいるか、事業やプロジェクトが動いているかなど、全世界、全事業部で情報が共有されている、とてもオープンな環境でした。一方、旭化成は自由闊達な企業風土を持ち風通しはいいのですが、事業部ごとにデータと情報を大事にしすぎるきらいがあります。どの部署が何をやっているのかわからず、海外展開しているグローバル企業の社員の顔が見えない。そうしたところが大分違うと感じました。

鹿子木　最初のミッションは、そのへんを改革することでしょうか。

久世　そうですね。ＤＸを手伝ってほしいと。入社して驚いたのは、旭化成は２０１５年あたりから積極的にＤＸに取り組んでいたということです。日本の製造業、特にマテリアル、素材産業の中では一番進んでいる企業ではないかと。それを全社展開する仕組みを作るのが私の役割でした。

全社で〝熱心〟に取り組む、デジタル人材育成プログラム

鹿子木　デジタルを手段に変革する。変革となるとやはり人が要ですね。旭化成は「HRX of The Year 2022」の優秀賞を取られています。人材育成に関しては現場から全社まで非常に熱心に取り組まれていますね。

久世　「DXオープンバッジ」というプログラムを2021年の4月に発表しました。全社員約4万人が対象の人材育成プログラムで、社内からもそれはなかなか難しいと。けれどもDXのXの変革で組織風土と、やはり人も変えていく、デジタルのバッジを使って成長していくことですね。

教材も内製化しました。重要なことは、これは強制、業務命令ではなくて、自分で取りたいなと思って取ってもらうこと。そこはかなり大事にしています。

鹿子木　教材を内製化されたとのことですが、大変な作業だったのでは？

久世　そうですね。レベル1、2、3と、その上にプロフェッショナル人材に向けたレベル4と5があります。これら全部のカリキュラムや教材を用意してからスタートというとやはり2年、3年とかかってしまう。まず全体の枠組みは5段階でやりましょうと決めて、それからレベル1に4コースを用意しました。

鹿子木　なるほど。特にアドバンストなコースは実際の仕事に関係したところで教材を作らないとなかなか厳しいですよね。

久世　おっしゃる通り、そこが非常に重要です。プロフェッショナル人材育成は、MI（マテリアルズ・インフォマティクス）の教育もデータ分析の教育も、座学だけでなく現

”現場に根ざした教育コンテンツがとても大切ですね“

――鹿子木

場の課題を一緒に解いていくことをやっています。特にプロフェショナル人材育成にはコーチングやメンタリングが重要です。そこで、データサイエンティストを派遣してサポートしています。

それから製造系ですと、仮に現場の大きな課題がデータ解析で解けたとしても、原理原則の裏付けがないと現場としては受け入れられないんですよね。現場の製造装置や製造ライン、そこで何が起こっているのかと、そのあたりを紐解いていかないと。対策として、設備のプロセス設計などを実際に主導され、定年を迎えられたトップエンジニアの方々に再雇用の形で残っていただき、一緒に課題解決に取り組んでもらっています。

鹿子木　素晴らしいですね。そういった方たちにはこれまで蓄積した知識がありますし、経験がまったく違いますから。やはり、魂が入った教材やコーチングなど、リアルに現場に根ざした教育コンテンツがとても大切だということですね。ではＤＸを取り入れたい製造業は、まずはどのように進めるのがいいと思われますか。

久世　我々は人材育成を全社員対象とプロフェッショナル人材の２本立てで進めています。プロフェッショナル人材の育成には時間がかかりますから、全社員の育成を早く始められると良いかと思います。ただ、デジタルというのは技術革新が早いので、常にアップデートをしないとすぐに教材も陳腐化してしまう。それは大変なので、複数社で一緒に進めるのが良いと思っています。

私もよく、デジタルに強い人が現場の業務を覚えたほうが早いのか、業務に長けた人が

“強い現場にどう取り入れていくか
それが肝になります”
——久世

デジタルの知識を身につけたほうがいいのか、との質問を受けます。私は後者だと思っています。そうすると、ものづくりの日本の製造業で、強い現場に対してデジタルをどのように効果的に取り入れていくかが肝になると思うんですね。やはり現場ありきで進めないといけません。現場が腹落ちして、これは一緒にやっていくべきだ、という機運が醸成されないと進められないと思います。ですから、やはり現場密着型、現場をよくよく理解しながら相談しながら、どうやってデジタルを導入していくか。そこが大事だと思います。

鹿子木　おっしゃる通りです。現場には日本の製造業を支えてきた様々な技術が蓄積されていて、同時に文化も育んできました。そうしたものが、日本の製造業を支え、それがあってこそ、自発的に新しい技術を取り入れてさらに発展させていくことができたと。そこが日本の製造業の国際競争力における差別化の源泉になっているのだと思います。

デザイン思考で徹底的に潜在ニーズまで汲み取る

久世　それから新規事業を立ち上げることはかなり難しく、これには多様なメンバーの参加を促し、多様な経験者の知見を集めて進めるる必要があるんですね。そこでデザイン思考とアジャイル開発を組み合わせた「旭化成Ｇａｒａｇｅ」というものを始めました。

かつては品質が良くて高機能なものを作っていれば、それだけでマテリアルは事業になったわけですけれど。このマテリアルの事業ですら、我々のお客様はどういったことをしたいのだろうか、どうやって材料を使うのか、さらにその先のお客様は何を求めているのだろうか、と、そこまで追求しながらやっています。お客様の単純なニーズだけではなく、ペルソナを作り上げて潜在ニーズまで汲み取り、こんな用途って本当にあるの？　と言われるところまでデザイン思考で徹底的にやります。

ものづくりには原理原則がとても重要ですが、デジタルは現場からするとふわっとしているんですね。Ｇａｒａｇｅというのは、違った視点を持ち込むなどの、１つの手段だと思います。アイデアを発散させるように仕掛け、そういうことを通して、人材も育ってくると思います。

鹿子木　現場が腹落ちするようなデジタル技術と教材コンテンツを同時に導入するというお考えは素敵ですね。本日は久世さんのＤＸに対する深いお考えをお聞かせいただきました。ありがとうございました。

各社の現場から

DX FrontLine

1 旭化成が推進するパワーユーザーの育成プログラム

奥　私たちが主に行う業務は、社内のデータ分析とそのデータ分析を行う人材育成です。データ分析の専門家である我々データサイエンティスト、現場エンジニアのパワーユーザー、現場を知り尽くした原理原則アドバイザー。この三位一体で行う教育プログラムとして、勉強しながら実課題に取り組み、改善したその成果を発表会で共有し、さらに次へと生かす仕組みとしています。

中島　特に注力しているのは、パワーユーザーの育成です。奥と私はデータサイエンティストとして指導する立場で参加していますが、パワーユーザーには各部署から自発的に参加している社員が大勢います。

奥　パワーユーザー育成は、２０１９年に立ち上げた育成プログラムの１つです。最初は製造生産技術系のエンジニアを対象にスタートしました。パワーユーザーの定義は、社内

デジタル共創本部
スマートファクトリー推進センター
IoT推進部 データ解析グループ グループ長
奥 武憲さん

デジタル共創本部
スマートファクトリー推進センター
IoT推進部 データ解析グループ 主査
中島 信也さん

の各現場でデータ分析を牽引できる人としています。つまり、カリキュラムを卒業して終わりではありません。その後も各部署で牽引役として活躍し続けていただきます。このための新たなバッジ認定制度も導入しました。

今では製造生産技術系だけでなく、品質保証や物流、営業、知財など、幅広い部署の社員がスキルアップのために参加しています。

知識と経験の宝庫は新しい世界とつながる

中島　以前はＥｘｃｅｌを使って、データの集計分析・散布図・相関図を見ていました。しかし多変量解析の世界はそう簡単ではありません。そこで育成プログラムでは統計解析ツールを用いて相関構造から重要そうな変数を絞り込み、さらにベテランの有識者ともディスカッションを行い、なぜこの関係になっているのか？　などを紐解いていきます。

奥　データを紐解く流れに実課題を使用して解析し、実際の現場で改善アクションまで行い、結果や成果へと導いていきます。こうした実践で身につけた分析力は、本人たちのレベルアップと、さらなる自信にもなっていると感じています。そして、紐解く過程で原理原則アドバイザーというベテランの視点を入れていく。そこがこのプログラムの特長的なところです。

中島　ベテランの有識者の方々は経験値が豊富です。過去に体験された知恵や知識と、私たちの解析するデータを比べていただき、様々な原理原則の側面から一緒に課題を解決していくのは素晴らしい体験です。この三位一体という座組が、何より肝になっています。

奥　単に参加した人だけで勝手に頑張って、というのではなく、各専門家と一緒に進めていく。これが私たちの取り組み方です。そして各部署のパワーユーザーが部署内へと働きかけ、私たちも手伝いながらパワーユーザーの上司までも巻き込みます。

立ち上げた当初は、当然否定的な意見もありました。しかし、1年目、2年目で具体的に皆が知らないデータや情報が表れ、分析事例が増えていく。実課題での事例を目の当たりにできた結果、全体に理解を広められたと思います。

中島　分析情報と自身の経験を見比べたベテランスタッフが、やっぱりこれで合っていたなど、新たな発見や経験を楽しむ姿もあってとてもうれしいです。

奥　今後は、他企業との人材育成の連携や学生の底上げなどを通し、旭化成だからこそできる、日本全体に役立つ製造業の分析モデルの先駆者として進み続けていきたいと考えています。

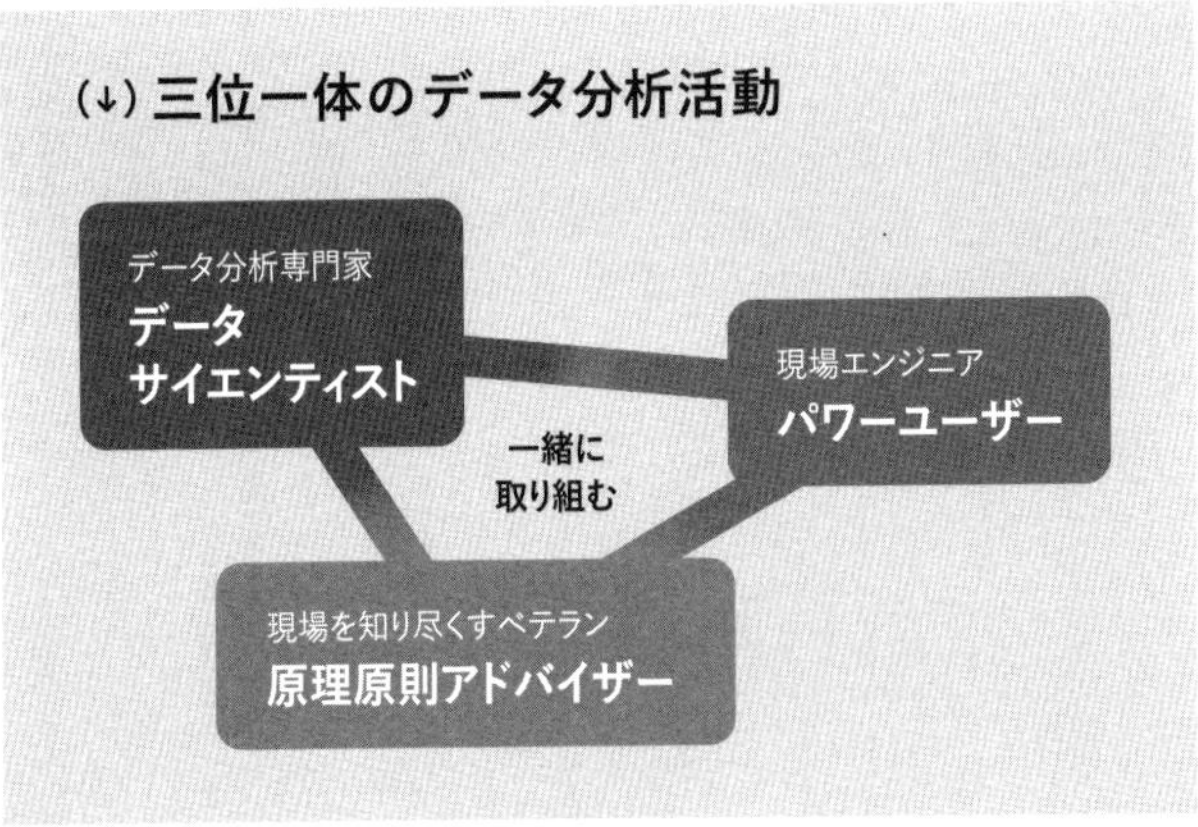

2 デザイン思考×アジャイル開発でイノベーション創出

奈木野　共創戦略推進部は、英語表記でCo-Creation & Strategy Team。私たちはチームとして各事業部や事業会社、コーポレート部門と連携し、Ｇａｒａｇｅという手法を使った、ＤＸの推進をミッションとしています。

山田　このＧａｒａｇｅを実行・推進するチームとして共創戦略推進部は20名ほどで活動しており、ユーザー視点でアイデアを考えるデザイン思考と、ユーザーのフィードバックを収集・適用するアジャイル開発の２つを中心に据え、取り組んでいます。

奈木野　デザイン思考は、ユーザーに寄り添いながらソリューションにつながるアイデアを考えていく手法です。具体的には、徹底的にユーザーを理解・共感し、ユーザーが感動する体験を描くことです。

まず象徴的なユーザー像であるペルソナを決めた後、インタビューや行動観察を通じ

デジタル共創本部 DX 経営推進センター
共創戦略推進部 部長
奈木野豪秀さん

デジタル共創本部 DX 経営推進センター
共創戦略推進部 アジャイル開発グループ
グループ長
山田智徳さん

てペルソナの性格や生活スタイル、行動を分析し、課題を深堀りしていきます。調査が終わると年齢、役職も様々な多様性のあるメンバーを10人ほど集め、ワークショップを実施。そこではメンバー全員がペルソナになりきり、何が一番困っているのか、何を解決したらハッピーになれるのか、などのアイデアを次々と出します。そして、選ばれたアイデアから、実際の体験シナリオを描いていきます。この後、具体化という点に進むのですが、ここからアジャイル開発を駆使します。

以前のウォーターフォール方式では、例えば高機能な製品を1年以上かけて作り上げても実際は必要最低限の機能しか使われない、ということがありました。そこで、いきなり

(↓) Garageの重要な要素

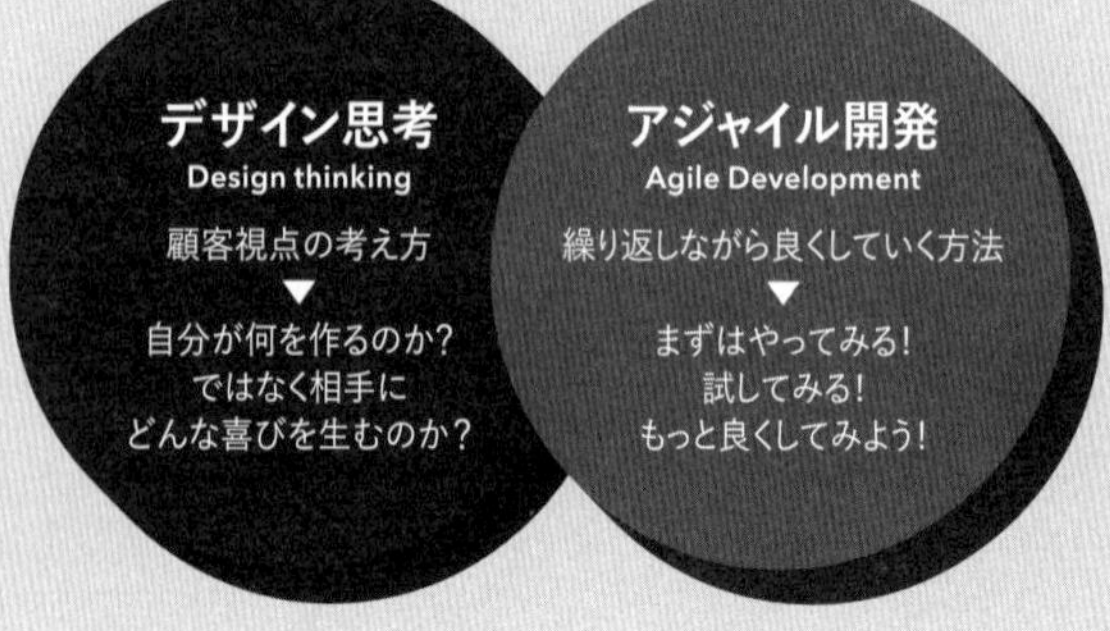
デザイン思考
Design thinking
顧客視点の考え方
▼
自分が何を作るのか？
ではなく相手に
どんな喜びを生むのか？
アジャイル開発
Agile Development
繰り返しながら良くしていく方法
▼
まずはやってみる！
試してみる！
もっと良くしてみよう！

多機能にするのではなく、まずは最小限の機能を持つプロダクトを開発し、ユーザーの反応をフィードバックしながらクイックに改良し、機能を足したりしながら、必要とされる製品を作っていくアジャイル方式を採用することにしました。

このように、ユーザー体験を描くデザイン思考と、ユーザーの真の要望に耳を傾けながら開発を進めるアジャイル開発を旭化成全体に広めていくことがミッションの1つです。それぞれの思いやこだわりを大切にし、ユーザーに寄り添い抜く集団になりたいと思っています。

3つのフェーズを有機的に運用して競争力を上げる

山田　Garageは共に創る（Co-Create）から共に実行する（Co-Execute）、そして共に運用する（Co-Operate）まで3つのフェーズがあります。実際に価値を生み出すのはCo-Operateに移行してからとなりますので、ローンチ後も作って終わりではなく、価値を高め続けていきます。

もちろん失敗や苦労もあります。例えば、価値を高めていくプロセスにおいては本当の意味でユーザーの要望に沿うことが非常に重要になりますが、これは同じ社内だからこそできる強みでもあると考えています。一方で、外部パートナー企業の方に支援いただく場合においては、ユーザーの声が届きにくかったり、発注者の顔色を見た開発になってしまう、などのリスクも考慮に入れた上での対応が必要となり、難しい部分でもあります。また、予算の考え方1つ取っても、我々は製造業であるため「工場を建てたら1日何個製品ができる」というような確実性が高いものに対する予算が多い中で、「価値検証を繰り返しながら進めていく（場合によっては何も作っていないケースもあり得る）」という不確実性が高いものに対する予算を取ることにとても苦労しました。

奈木野　今後の目標はもちろん、デジタル共創本部で定めているＫＰＩの達成です。そして社会貢献ですね。

旭化成全体を変え、日本の競争力を上げるためにも、化学産業、ものづくり産業なども変わっていかなければなりません。旭化成の中で成功したという事実が、日本の競争力を上げることに貢献しているんだという思いで進み続けたいと思います。

「ＤＸ　ＴＯＤＡＹ」１号（２０２３年３月発行）にて掲載。内容ならびに役職は取材当時のものです。

【久世さんとの対談を終えて】

旭化成の久世さんとの対談ではＤＸ人材がテーマになりました。久世さんは、人材教育を具体的に前に進めることによって、組織風土や人を変えていくと話されています。

製造業のＤＸは最終的にはトランスフォームが目的です。現場、あるいは社員全員がＤＸを意識して、それに応じてスキルアップを、あるいは新しいスキルの獲得を図る。仮にそれがうまくいけば、社員全員がそれぞれＤＸを使って自分たちの課題解決を進めるという機運が生まれる。あとはボールを坂から転がすように、ころころと転がっていくであろう。これがＤＸを成功に導く筋道であるという考えです。

旭化成ではそこに到達するために、教育教材を内製化し、バッジ制度等を採用して現場がモチベーション高くＤＸについて学ぶところからスタートしました。そして基礎的なやり方がわかったその後に、ワークショップやディスカッションの機会を設けています。

日本の製造業は現場が確固たる知識と経験を持っています。この点海外は逆で、現場にあまり経験が蓄積されないという事情からトップダウンが多い。従って、教育から入ってだんだん上に行くに連れてコミュニティーも活発になる。そのような現場の力を生かすアプローチは非常に重要です。

今、現場が厳しいとの声が聞かれますが、要はDXというまったく新しい黒船のような技術が入ってきて、当然ながら現場はなじみがありません。それゆえ、ガラパゴス化してしまうようなことがままあるわけです。そこで教育から始めると、デジタル技術がありふれた当たり前の現場になっていく。旧来のQC活動で持っていた日本の文化がさらにデジタルで進化すると、高いレベルで現場主導の改善活動が行えます。当然、海外のコンペティターにも対抗できることがこのアプローチの大きなメリットだと思います。

ただし、現場に丸投げすると続きません。よくあるのは、ある施策を進めるために予算確保に動いたが、中間管理職のところで却下されるようなケースです。ですので、ボトムアップと言いながらも、こっちの方向に行くという明確なトップダウンが欠かせません。ボトムアップであっても、やはりトップのメッセージは非常に重要で、そこがこのアプローチのキーだと思います。

コラム

教育から始めるＤＸ

企業活動から見ると、人材の育成は人的資産への投資です。特許などの知的資産、ブランド価値、組織文化やプロセス等の組織資本などと同様、いわゆる非財務指標と呼ばれるもので、リーマンショックの教訓として、財務指標だけでは企業を見誤るという考え方が広まり、非財務指標は重要な企業の判断基準となっています。

製造業の場合、一般には計測や制御技術に特化したトレーニングが行われます。さらに最近ではＤＸの教育プログラムが加わります。ＩＰＡ（情報処理推進機構）が策定しているＤＸリテラシーを踏まえたプログラムやカリキュラムを使い、仕事の改善や課題解決、そして顧客とある程度の会話ができ、相談にも乗れるだけのＤＸリテラシーを身につけるという内容です。こういった、製造業らしい現場に根差した新しい教育内容の要望が最近は増えています。

横河電機では、4月に入社した新入社員は人事主催の基本教育を経て、5月に入ると技術教育を受けます。以前の新卒は理系の男子が主でしたが、ここ数年で様変わりし、今では新卒の半分を文系と女性が占めています。そうした時代の流れに応じ、トレーニングの内容を変える必要があります。結果的には同じ内容になるのですが、理系はある程度の基礎知識を持っている前提で、実際に手を動かして成功体験を与える。一方、文系はまず頭で理解してイメージを持たせる、といった具合です。

製造業の新入社員が実際の現場に行く時に、不安を感じないレベルのトレーニングをいかに効率的にやっていくか。与えた時間の中で何をインプットさせるかなど、常に試行錯誤しながら内容を充実させなければなりません。

製造業においてトレーニングでもう1つ意識したいのが、事務と現場の相互理解を深めることです。畑違いの仕事を理解することは難しいものですが、共通のＤＸリテラシーを獲得することで、風通しや意思疎通が図られます。それにより、ＤＸ推進の加速、課題ドリブンな企画の発掘、事業に直結する価値創出などの効果が期待できます。

製造の現場は多様すぎるため、製造業に向けたＤＸ関連のカリキュラムは少なく、販売されている教育コンテンツの内容はどれも一般的なところに留まります。そのため、リアルな自社の製造現場の例を取り込んだトレーニングコンテンツはとても有効ですから、ＤＸ実績が社内にある場合には、自社でオリジナルコンテンツを作成するのがベストです。

横河デジタルではOT／ITの様々なDX実績が社内にあるため、その知見を生かし、製造業に特化したリアルな内容のトレーニングのコンテンツを作成しています。現場向けのオリジナル教育コンテンツに含めるべきいくつかのポイントには、以下が考えられます。

工場には時に見学者が訪れますが、現場には常に部外者に見せていいものと、見せてはいけないものが混在しています。納期のスケジュールなどがお客様の名前・製品名とともにホワイトボードに書かれていると、あの会社のこの製品はいつリリースされるなどの情報が走ってしまうので、これは部外者に見せてはいけません。

また、社内の共通認識のために表示している情報も、他社に漏れて困るものは隠さなければなりません。社内で何気なく自撮りした写真の後ろに顧客リストが写っていて、それをSNSにあげてしまうと、それだけでお客様のデータを漏洩した、となるわけです。セキュリティとはパソコンのセキュリティだけではなく、現場には現場のセキュリティがあります。やりがちなこと、ちょっとした注意喚起みたいなところまで、丁寧に解説する必要があります。

製造装置等のトレーニングでは、座学と実習のセットがおすすめです。まず座学でそれがどういう結果を出すのかを学び、次にプロセスの部分は実機を使った実験を行い、理解度を深めます。実験となると俄然ハードルが高くなりますが、DXの恩恵もあり、今では遠隔で実機を操作できるeラーニングでの実施、視聴も可能です。

このように、自社に合ったトレーニングコンテンツを制作し受講環境を整えることは、単なる表面的な教育とは異なり、人材資本だけでなく、組織文化の等の向上にも役に立つと考えられます。

第2章
三菱自動車工業のDX

chapter 2

DX conversation

横河デジタル株式会社
代表取締役社長
鹿子木宏明

×

三菱自動車工業株式会社
執行役員 CIO グローバルIT本部長
車 真佐夫さん

車 真佐夫さん
Masao Kuruma

1983年ソニー株式会社入社。Sony International(Hong Kong) シニアマネジャー、Sony Europe IS Europeゼネラルマネジャー、ソニーe-Platformグローバル企画推進部統括部長、同 ビジネストランスフォーメーション/ISセンター グローバルISマネジメント部統括部長、ソニーグローバルソリューションズ コーポレートシステムソリューション部門長などを歴任。ソニーコーポレートサービス株式会社 執行役員を経て2016年より現職。

第2回目は、三菱自動車工業株式会社執行役員CIO、グローバルIT本部長の車 真佐夫さんにお越しいただき、クルマ産業が取り組むDXについてお話を伺いました。

鹿子木　クルマ産業は言うまでもなく、日本の重要な基幹産業です。一方で、情報系、情報工学系はどうしても欧米が強いですね。今、製造業はDXを取り入れた革新を進めていますが、今後は情報系との融合が肝になってくると思います。今日はそのような状況の中での、御社の取り組みをお聞かせください。まずは車さんのビジネスキャリアについてですが、大学卒業後にソニーに入社されたと。

車　はい、入社1年目から今で言うIT部門に配属されて、社内システムの開発、保守といったところからキャリアをスタートしました。6年ほど経験を積んで、次はプロジェクトもやってみたいと思うようになり、手を挙げて「事務革新プロジェクト」に携わることになりました。1989年のことです。まだ20代でしたが、システム開発責任者となり、8か月で最初のシステムをリリースしました。

鹿子木　どのような内容のシステム開発でしたか？

車　全社員約2万人の仕事の仕方を変えるということで、まずはペーパーレス化に取り組みました。コンピューターによる各種申請や電子承認などです。コンピューターを触ったことがない社員が多数いた時代です。

鹿子木　〝ＩＴ〟という呼び名もなかった頃から、社内情報系システムを手掛けられてきたのですね。その時代に、全社員がパソコンを使うというチャレンジは、想像するだけでも大変だったことと思います。

車　すでにコンピューターを利用したサプライチェーンや販売の仕組みはありましたが、確かに一般社員全てが、というのは初めてでした。今ではペーパーレスは当たり前ですが、当時は先駆けでしたね。

鹿子木　先進的な取り組みをされて、しっかり定着したと。それには様々な工夫をされたことと思います。

車　そうですね。大きな啓蒙ポスターを社内中に貼ったり、パソコンで承認しないと部下の残業代が給料に加算されないなど、もう逃げられないぞ、という雰囲気を作って変えていきました。

その後は海外勤務になり、香港とドイツで計7年過ごしました。車と音楽が好きなので、特にドイツではアウトバーンを毎日車で通勤するというのは楽しかったですね。

鹿子木　音楽にもご興味がおありなんですか。

車　大学時代から指揮法を習い、合唱団の指揮者をしていました。社会人になっても続け、赴任先の海外でも合唱団で指揮を執っていました。今も合唱団やオーケストラを指揮しています。

鹿子木　指揮者というのは演奏全体をまとめる役割ですね。音楽でもプロジェクトでも、団結には誰かのリーダーシップが必要です。

車　リーダーシップにおいて何より大切なのは、個々人が力を発揮する環境を作ることだと思います。

例えば指揮者というのは演奏で音を出さない唯一の存在です。音を奏でるのは奏者や合唱団員で、指揮者に求められるのは、彼らが持っている力を存分に出せるような環境を作ること。そうすることで本番では最高の演奏ができます。プロジェクトもそれと同じです。かつてはリーダーが全部答えを持っていればそれに従ってもらえば良かったのですが、今はそういう時代ではありません。特に最近の若い世代はデジタルネイティブに変わっていますので、そういった人たちが自由に、自分たちの発想を出せる環境を作ることが大事だと思っています。

鹿子木　そういった考えは、日本の製造業をＤＸで動かしていくために必須だと私も思います。その後、ソニーから２０１６年に三菱自動車へ移られました。

車　はい、ＩＴ部門の最高情報責任者として入社しました。一番のミッションが、社内の基幹システムをＥＲＰに置き換えることでした。以前からトライしていましたが、なかなかうまくいかなかったようです。２０２２年４月に本社で稼働し始め、今後はグローバル展開するのが目標です。

鹿子木　ＥＲＰの導入は日本の製造業でも盛んですが、どのへんが難しいのでしょうか。

車　日本は専門機能ごとに仕組みを作ってきた経緯があります。ＥＲＰはそこに横串を刺すので、その考え方を変えるのがまず大変です。加えてプロジェクトの規模が大きくなると、指数関数的に難易度が増し、コミュニケーション１つ取るにしてもなかなか徹底せず、うまくいきません。

鹿子木　部署ごとに最適化していたのに、統合で軋轢やミスマッチが起きると。その調整が難しいですね。

そして今は製造現場とサプライチェーン、経営。そこを結ぶＩＴのインフラシステムの構築が主なミッションであると。ＤＸは、どんなことを目指されているのですか。

組織間の協調を促す必然性とドライブ

車　製造は非常に大事ですが、設計、開発、製造、販売の流れの中で、実は最初に目を付けたのは販売、いわゆるマーケティングの領域です。従来のBtoBtoCというビジネスモデルではお客様のご意見や感想などがメーカーから見えにくく、お客様から見て何がいいのかという観点でプロセスを見直しました。

鹿子木　それには多数の組織が協調する必要があると思いますが、成功させる秘訣は何でしょうか。

車　DX全般に言えますが、順風満帆なところに改革を持ち込んでもうまくいかない。必然性や強力なドライブが必要だと考えます。そういう意味では、クライシスドリブンで物事を動かすことは1つの手です。自動車業界は今、100年に一度の大変革期を迎えており、このままでは生き残れないのではないかと各社が同じ意識の下に努力しています。

三菱自動車では修理やメンテナンスといったアフターサービスも含め、販売会社とメーカーが情報を共有して製品作りにお客様の声を反映させ、一人でも多くのファンを増やしたいと考えています。

既存の仕組みを変える秘訣は何でしょうか——鹿子木

鹿子木　お客様と緊密な関係を築く上で、DX、あるいはITのシステムが果たす役割はどういったところになりますか。

車　いわゆるSNSを活用し、私どもの製品に興味を持ってくださったお客様がコンタクトを取れるようにする。その後、販売店で試乗して、購入していただく。車は購入後に何年もご愛顧いただくので、その長い間、お客様とメーカーも含めつながっていくにはITの力が必要です。お客様を中心に据えたCXを推進する上で、組織や会社の枠を超えて統合的にお客様と接するための仕組みが必要となります。

鹿子木　クルマ産業をはじめ、製造業は日本の未来に対して重要な役目を担うと思います。製造業がDXを進める上での提言はございますか。

車　デジタル技術を活用し、既存のビジネスモデルを変えるようなディスラプターが海外から入ってくると思います。また、カーボンニュートラルを含めた環境問題においても裾野が広いため、対応するには企業の壁を越えて連携することが重要です。ここにこそ、DXの本質があるのではないかと思います。

自動車業界においては、ヨーロッパではすでにデータ流通のプラットフォーム「カテナ-X」が始まっていますが、日本ではまだそこまで進んでいない。個社だけの取り組みでは海外に太刀打ちできない状況になりかねません。

企業を取り巻く外的環境は常に変化しています。DXはそれに対して、追随できる能力と言っていいのではないでしょうか。有名な言葉に「最も強いものや賢いものが生き残る

“必然性とそれに加えて強力なドライブですね”

――車

のではない。最も変化に適応できるものが生き残る」というのがありますが、まったく同じだと思います。

鹿子木　まずは社内の組織をつないで次に企業間を連携させる。海外をキャッチアップしていくためには、そうしたＤＸが不可欠ということですね。ありがとうございました。

各社の現場から

DX FrontLine

アセアンＣＸの成功から広がる、三菱自動車の顧客戦略

坂倉　私たちグローバルＩＴ本部デジタルイノベーション推進部は、タイやフィリピンを中心としたアセアンＣＸ推進と、社内全体でのデータ民主化への取り組み、様々な先端のデジタル技術のリサーチ、ユースケース検討など、幅広い役割で活動しております。

グローバルIT本部
デジタルイノベーション推進部　部長
坂倉克文さん

グローバルIT本部
デジタルイノベーション推進部
マネージャー
福里有陽さん

過去１００年の間、ビジネスモデルの変化がなかった我々自動車業界は、現在大きな転換期に来ています。

カーボンニュートラルが大きな課題となる一方で、ＩＴジャイアントの視点では車がＩｏＴ端末の１つでスマートフォンと同じ位置付けとされたりしています。これはもちろんチャンスでもあり危機でもありますが、その中で、今後はこのコネクテッドサービスや、すでに一部実用化され始めているオートノマス（自動運転）、さらにシェアリングサービスといった収益化の幅もより広くなっていくのも事実です。

この進化している業界の中で生き残っていくためには、変化への対応と現状打破して改革する強い推進力が必要だと思いました。

グローバルＩＴ本部デジタルイノベーション推進部のスローガンであるＰＡＬＳＥは、Proactive, Adventurous, Lean, Stream, Executeの頭文字を取ったもの。先端のデジタル技術やデータをフル活用して、失敗を恐れず、新しいチャレンジを推進しようというものです。スピードを重視することも重要です。

タレントを集めた内製化、社内のデータ民主化へ

福里　社内・社外から集められた人材は、経験もバックグラウンドも様々です。

現段階では第一拠点であるタイでの経験をもとに、アセアン各国の現状課題を踏まえてサポートしにいく形で進めているので、これまでの紋切り型の営業スタイルのように、「これはうちの範囲じゃないからやりません」と切ってしまうのでは、うまくいきません。

本来の支援範囲からは少し外れるところでも一旦吸収して受け取り、その支援を提供することで相手からの信頼を得て、そこから本格的に入り込んでいく。現地の人材にも歩み

寄りながら相手の信頼を勝ち得るようにしています。

職種も業界も違う新しい人材も入っているので、経験や考え方の微妙な違いはありますが、お互いに刺激を与えつつ、どんどん修正しながら進む。これが内製化への近道なのではないかと考えます。

現在はデータ民主化のために、現地のセールス、ウェブマーケティング、アフターサービスを含めた全体で連携できるシステムを使用しています。しかし、以前はこの連携をしているシステムはなく、全部がバラバラでした。

そんな状況を解決するため、タイでは２０１８年に、外部ベンダーから提案を受けたシステムに統合し、併せて運用の多くの部分も委託しようとしました。ところが過去に購入しようとしていたお客様の特徴や希望内容、細かなマーケティング情報が自社には残りにくく、全て外部へ流れていってしまうのではないか。将来的に考えたら社内にノウハウが貯まっていかないと判断して、ここが現在の内製化へと動くポイントになりました。

坂倉　一番大事な、お客様をどうやってセグメント化するのかというコアな部分。これを外に出してしまうと、どうしても自分たちのやりたいことができなくなる。内製化へと引き寄せた瞬間でしたね。

でもそれは、全てを内製化すればいいということではありません。他社のパッケージをカスタマイズして使用し、運用も費用を払ってお願いしています。そこは外注でも良い。でも外注するべきではないところをやはり選別していかなければならないのです。

誰よりもお客様を知るための、デジタルタッチポイント

福里　お客様の各種データを統合する「カスタマーデータプラットフォーム」（ＣＤＰ）を構築し、そこにディーラーの顧客管理システムのデータをまず格納しました。その後、ウェブサイトのアクセスログを追加していきました。お客様が当社のウェブサイトを訪問しただけの場合は、まだ匿名でクッキーだけしかわからない状態になります。

試乗申し込みをするステップまでいくと、実名が入力され、ここで初めて一段階解像度が上がり、お客様情報が明確になります。

そしてこの情報もＣＤＰに格納します。次にお客様がディーラーに行くとディーラーの顧客管理システムに登録され、このデータが再びＣＤＰに連携されることでディーラー側

でもどんな行動をされたか判別できます。

もちろん購入された後のアフターサービスでも同様にデータを連携。下図の●印がそれぞれデータを取得するデジタルタッチポイントになっていて、ここでのお客様との機会を増やすことによって、お客様の接点情報が新たに出てきます。

こうやってお客様のデータがまた蓄積されていく。このデジタルのタッチポイントを作り、お客様のデータを増やしていくこともCXのチームの大きな役割です。

（↓）お客様を中心に据えたCX推進

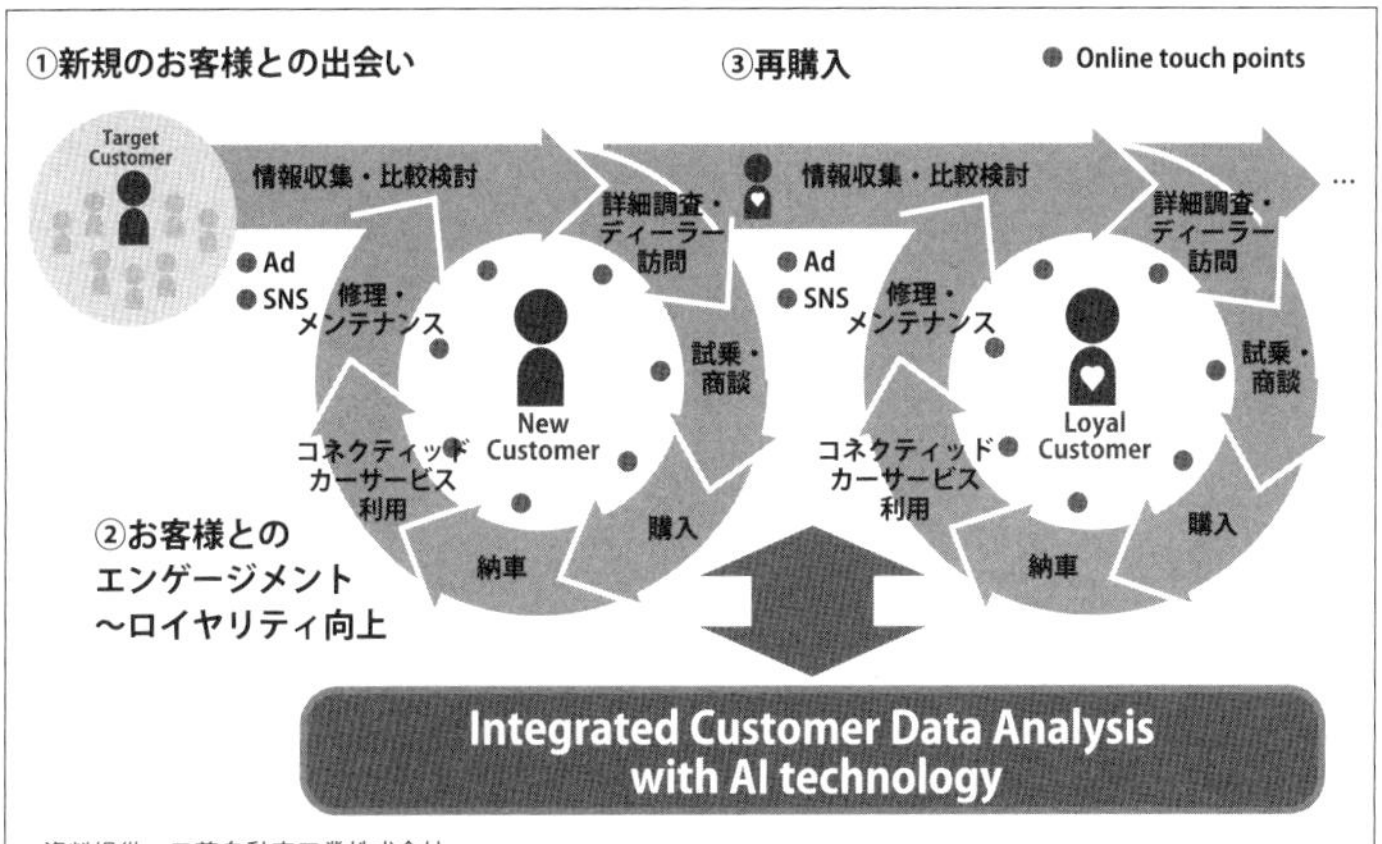

資料提供・三菱自動車工業株式会社

選択と集中で作り上げるルノー・日産・三菱自動車

坂倉　ご存知の方も多いと思いますが、ルノー、日産、三菱自動車3社での提携をしております。その中でのシナジーとして、アセアンの確立があります。

アセアン各国は、私たち三菱がリーダーシップを取り、ルノーと日産がフォロワーになってくれます。逆にヨーロッパはルノーがリーダーとなり、日産と三菱がそのフォロワーになる。そして日本・北米・中国は日産がメインとなり、ルノーと三菱がフォロワーと、このグローバルシナジーが成り立っているのです。

それぞれの補完関係が開発などを含めたジョイントプロジェクトにしっかりとつながっています。3社がウィンウィンになるものはやるし、ならないならやめようとなる。押し付けられることがないから良い関係値で活動しています。

今後の弊社のさらなる展開として、現在ある考え方や仕組み、コンセプトなどをチューニングしながらアセアンの他の国へと展開していきたいと考えています。

流用できるものをタイ以外の国にもより短い期間で、1年くらいでチューニングしてリリースしていく。そして、社員全体の意識改革、経験だけでやってきたものをテクノロジーとデータで変えていく。統計分析の教育などをやっていく必要もありますが、まずはマインドを変えていくことから。我々が核になりたいと思っています。

福里　セールスが持っているお客様のデータ、その前のウェブマーケティングデータ、アフターセールスのデータ。これらのデータベースがそれぞれにあり、サイロ化していた結果、何よりも大切なはずのお客様が1つに見えていなかった。

坂倉　お客様は各国、地域ごとに違いますよね。お客様が何を考えているか、もしくはお客様がどのようなことをしたいのか、さらに将来の目標を持っているかなど。お客様のインサイト、お客様を誰より深く知るという部分。これが何より大事だと思っています。

「DX TODAY」2号（2023年4月発行）にて掲載。内容ならびに役職は取材当時のものです。

車さんとの対談を終えて

三菱自動車の車さんは、なぜそれが必要なのかを強力なドライブを効かせて示し、現場が腹落ちすればＤＸの導入が進むと考えます。つまり、リーダーシップです。

ＩＴシステムの導入のような、よくわからない未知の施策に対しては、どのように団結して取り組むかが肝になります。そこで車さんは、脅威として目の前にあるヨーロッパのデータ流通のプラットフォーム、カテナ-Ｘに対抗するのだと打ち出しました。このように外部環境に対抗するアプローチは現場に対して有効に機能します。

もう1つはグローバル化です。デジタルがなかった時代は、グローバル化と言ってもそのツールはせいぜいメールでした。グローバル企業やローカルの会社は自分たちのシステムを使い、結果としての経営数字だけを本社に集約するというやり方が普通に行われていました。

当時はそれでも十分で、海外でもそれ以上のことをやっている会社はありませんでした。そこは取り立てて競争するところではなかったのです。ところがグローバル化が進み、今では各国の拠点のシステムが統合されて、本社で一元管理できる仕組みが実際に作れるようになったのです。グローバルに展開するローカルの会社のデータがひとたび本社で一元管理できるとなると、そこでようやくガバナンスが効くことになります。

例えばある地域に聞くと、自分たちは最も効率的かつベストな方法で作業していると何の疑いもなく答えます。ところがグローバル化によって別の地域を俯瞰できるようになったことで、もっと効率よくやっている地域があると気付くのです。つまり、自分たちにはまだ改善の余地があるのだと。そういう意味において、グローバルにプラットフォームを一元化することはブレイクスルーの源泉になります。

車さんとの対談では、日本国内における基幹システム（ERP）刷新の難しさに焦点が当たりましたが、さらにグローバルでERPを統合しようとすると、各国ごとに様々な違いや思惑があります。商習慣や独自の製造経験、そしてサプライヤーとの関係等です。1つのやり方を全ての拠点で一気に導入しようとしても、そう簡単ではありません。かと言って自由にさせると、元の木阿弥でまったく意味がなく、各国ごとに独立分離したままになってしまうので注意が必要です。

コラム

基幹システムの刷新から始めるＤＸ

２０１８年に経済産業省が「ＤＸ（デジタル・トランスフォーメーション）レポート」で指摘したのは、２０２５年前後に古いシステムが負債化し、市場に対応できなくなるという、進化するデジタル環境にビハインドになるリスクです。

当然ながら多くの企業はこの問題を認識し、新しいＩＴ技術の導入を積極的に進めました。そこに立ちはだかったのが、既存システムのサイロ化です。サイロ化による複雑化・ブラックボックス化が、既存の仕組みを変える際のボトルネックになったのです。特にビジネスプロセスは現場の業務プロセスと直結しているため、システムの変更を進めるには、業務そのもののやり方を変える必要に迫られます。短期的なビジネスの責任を負っている現場の抵抗は大きなものでした。

一般的に、基幹システムの更新の際に議論の中心となるものは以下です。

- 既存業務の仕組み・商習慣との整合性
- 従業員の理解・適応とトレーニング
- システムのカスタマイズの適切なバランス
- 導入コストとリターンのバランス　など

例えば、ビジネスの歴史の中で作られてきた、各部署あるいは各拠点のシステムが乱立しているケースです。それぞれの現場では、自分たちの定型業務をいかにスムーズに遂行するかを考慮して各種のツールを準備し運用してきましたが、まずそういった社内ツールを精査することは、実態を把握することに役立ちます。

その社内ツールは、既存業務のプロセス・商習慣等をもとに、時間をかけて最適化されたものです。ある意味不純物を取り除いた、純粋な「結晶」と言えるでしょう。従業員も現在のツール・手順に慣れ、またマニュアル等も整備されているため、これを刷新＝変更するのは大きな負担や不安を感じます。

このようなことから、基幹システムを変更し、経産省の指摘するリスクに対応するには、強いリーダーシップが必要となります。特に企業や大きな集団では、改革に対しての説得力ある理由、あるいは方向性といったものがとても重要です。パソコンのＯＳをアップデートするなど単純なものであれば必要ありませんが、自らの業務を変えるとなると、その壁を乗り越えるには未来像を提示することが必須です。

横河グループではＥＲＰの導入を進める際に、次のような効果を説明しています。まず経営面に対しては運用コストの低減です。各部署それぞれで作っているシステム・ツール群の運用コストは、いわゆる固定費あるいは見えないコストとして企業の損益計算書を圧迫しています。社内ツールの個数を調べると、その数（および保守のコスト）に唖然としたというケースは一般に見られるものです。これらをクラウド化や共通プラットフォーム化し一括管理によるコスト削減を狙うのは、経営サイドの1つの大義となります。

次に人材面ですが、現在の基幹システムは高度なＩＴスキルが不要で、ＧＵＩ（＝Graphical User Interface／ユーザーが画面を見て直感的に操作できるようにしたインターフェイス）によるツールの開発が可能です。あるいはローコードアプリケーションと呼ばれる簡単なプログラムによって、各部署・各拠点での必要なプロセスを基幹システムに取り込むことができるようになってきました。これは現場にとっては朗報です。これまでは外部のソフトウェアベンダーに任せざるを得なかったシステムのカスタマイズを自社でできるようになります。同時に、自分たちの手で必要なものを作ることは、スキルの習得ができるばかりでなく達成感もあり、現場の士気も上がります。社内人員のＩＴ人材化への大義となり得ます。

基幹システムの刷新は、一般にはパートナー企業と一緒に行われるものですが、ＥＲＰの選定や導入に当たっては業務を理解し、現場のＥＲＰの使い方や運用ノウハウを持ち合わせているベンダーを選ぶことが大きなポイントとなります。また、ＥＲＰは導入した後も、新しいシステムのカスタマイズ等、改良が進んでいくものです。長い年月にわたって安心して付き合えるパートナー企業を選ぶことがとても重要です。

●参考文献
『「2025年問題」にどう対応すべき？　プロセス製造業に必要なERPとは』横河ソリューションサービス
https://web-material3.yokogawa.com/BU54A25B21-51.pdf

第 3 章
堀場製作所のDX

chapter 3

DX conversation

株式会社堀場製作所
執行役員 CTO 開発本部 本部長

中村博司さん

×

横河デジタル株式会社
代表取締役社長

鹿子木宏明

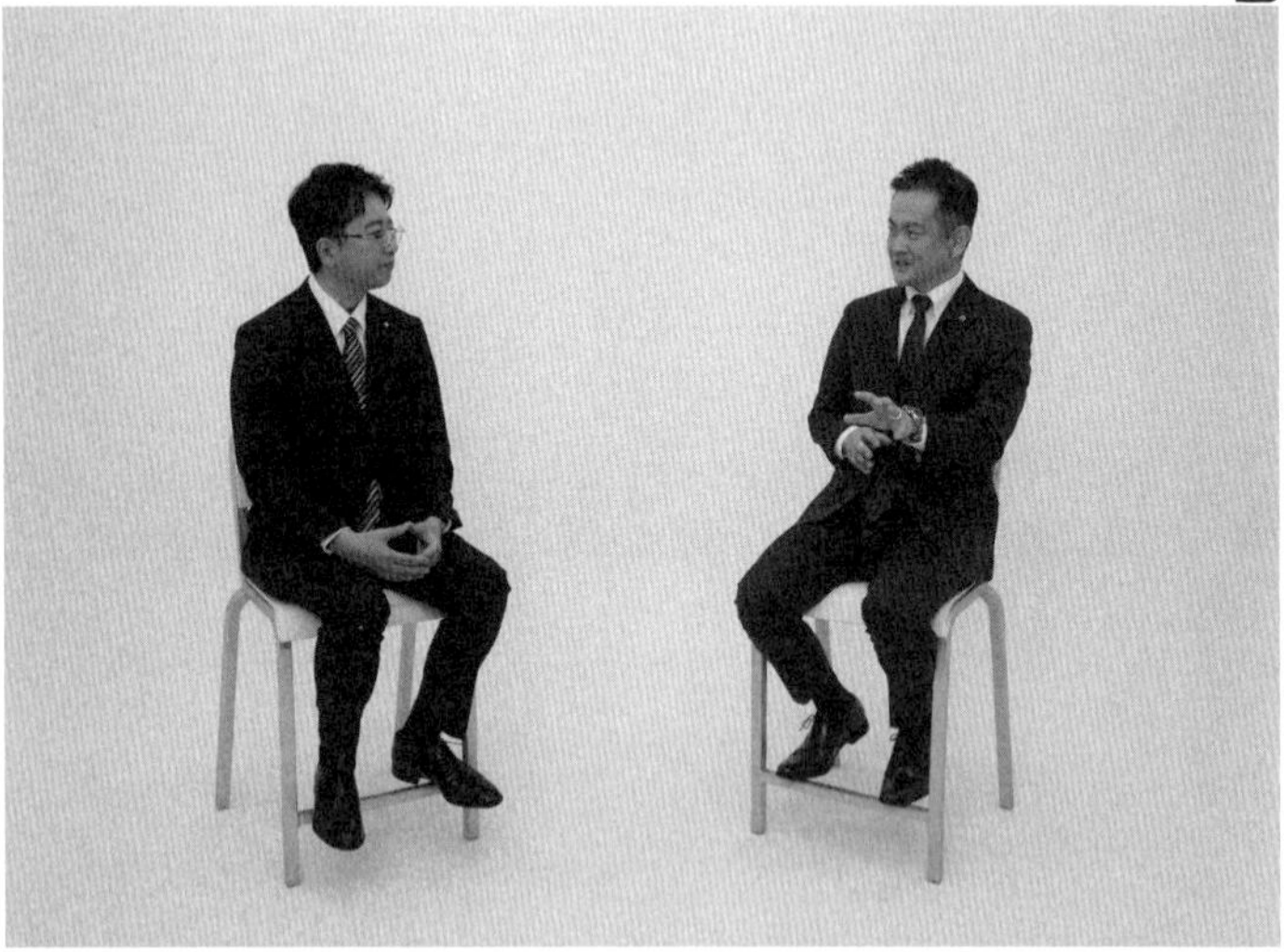

中村博司さん

Hiroshi Nakamura

1998年に堀場製作所に入社。主に自動車計測事業に携わる。エンジニア時代に約2年間、米国ホリバ・インスツルメンツ社に出向し、その後2015年からドイツの現地法人ホリバ・ヨーロッパ社に赴任。2016年より同社の代表取締役社長を務める。2021年帰国。2022年7月に分析・計測開発本部長、コーポレートオフィサー（執行役員）CTO 兼ビジネスインキュベーション本部長に就任。博士（工学）。

第3回は株式会社堀場製作所執行役員CTO、開発本部本部長の中村博司さんにお越しいただき、主にグローバルに取り組むDXについてお話を伺いました。

鹿子木　海外にも長くいらしたと。

中村　入社してから一貫して堀場製作所に勤めていますが、エンジニア時代に2年間ほど米国ミシガン州に出向しました。その後2016年から約6年の間、ドイツへ現地法人の責任者として赴任し、日本に帰国したのは2年前になります。ですので、同じ会社でずっと働いてきたという感覚は、実はあまり持っていません。現在はグループの先行開発、ソフトウェア、デジタルソリューションの責任者としてCTOをしております。

鹿子木　グローバルにご活躍されてきたのですね。エンジニアとして取り組まれてきたのはどんなことですか？

中村　主に自動車の排出ガスを計測する装置の開発です。排出ガスは、通常実験室にある定置型の分析計で計測しますが、それを車載できるぐらい小型にするプロジェクトを主導し、小型化に加え、計測の高精度化と高速化を目指しました。できあがった計測機は、発売当初はあまり売れませんでした。もともと明確な市場を目指したわけではなく、どちらかと言うと研究機関や大学などが必要なデータを計測するのに使われるかな、というぐらいの目論見で始めたものです。

鹿子木　ただ、この計測機がフォルクスワーゲンの排出ガス不正を見破ったというニュースは記憶に新しく、とても印象に残っています。

中村　アメリカ・ウエストバージニア大学の先生のことですね。確かにそれを契機に弊社の計測機に注目が集まりました。また、ヨーロッパでは路上走行中の車の排出ガス規制がさらに強化される流れになりました。

鹿子木　御社の計測機が社会を変えたということになりますね。

中村　分析・計測機器メーカーとしてしっかりとした値を責任を持って世に送り出す必要性、責任の重さを改めて感じるきっかけになったと思います。

鹿子木　日本では国を挙げて製造業のＤＸを推進しようという動きがありますが、御社のＤＸへの取り組みにはどういったものがありますか。

中村　お客様向けのソリューションでＤＸの経験を積んできたと感じます。弊社が自動車の計測ビジネスを始めたのは１９６０年代で、その後、排ガス規制が始まり、かなり細かくワークフローや試験手順が提示されました。人の手作業でできるような簡単なものではなくなってきたので、現場から自動化が要求されるようになりました。

１９７０年代にアメリカのインターオートメーション社の一部を買収し、様々な業務プロセスを自動化するソフトウェアも組み合わせたトータルソリューションの提供が可能となりました。ある意味これが堀場製作所としてのデジタルトランスフォーメーションの第一世代だと思います。

１９９０年代には車もデジタル化が進み、エンジンの制御もほぼ電子制御になります。エンジンコントロールユニットやＥＣＵの性能が格段に高くなり、それに比して扱うデータも膨大な量になった時代ですね。今で言うビッグデータです。当然ですが、それまでの手法ではフォローしきれないため、そこに主にＤＯＥ（Design of Experiment：実験計画法）と言われるような統計学の手法を導入しました。データサイエンス的な手法で、この時代に実験の効率化が進んだと思います。

鹿子木　クルマ産業のＤＸは、やはり時代の最先端をいっていますね。

中村　我々にとっての第三世代は２０００年代に入ってからで、１つは車の電動化が進んだ時代です。エンジンにモーターが加わり、いろんなパワートレインの組み合わせができてきた時代です。構成要素が１つ増えた分取り扱うデータも増え、コンポーネント同士のすり合わせにも時間がかかる。いかにそれらの試験を効率的に進めていくかが課題です。今で言うデジタルツインのようなアプローチでコンポーネントをバーチャル化し、リアルのデータを組み合わせることで、ものがなくてもすり合わせできる手法の開発が進んだのがこの10年くらいです。弊社では２００５年にドイツのカール・シェンク社の一部事業を、２０１５年に英国のマイラ社を買収して技術導入をしながらソリューションを提供し続けてきた実績を持っています。

鹿子木　最初はオートメーション、次がビッグデータ、あるいはデータサイエンスを使った解析。そしてバーチャル化。常に最先端のソリューションを提供しているわけですね。

中村　新しい手法というのはやはり自動車メーカーさんが先行して、我々はそこに追いついていけるようにと、かなりの部分で牽引されてきたと思います。

鹿子木　海外の有望な会社を買収するのは、主にスピードを重視してですか？

中村　スピード感もそうですし、新しい取り組みを始めていく上では、自社の持っている技術だけではなかなか難しいということもあります。

鹿子木　海外のソフトウェア企業と協業したいと考えている日本の企業は多いと思いますが、どういったところが課題になるでしょうか？

成果を横展開にしていくのが重要

中村　デジタルソリューションを展開していく中では、どうしても現場が先行してものづくりを始めてしまうということが起こりがちです。すると、場合によっては地域ごとにそれぞれ別のものを作ってしまうのですが、お客様自身もそれをグローバルに展開したくなります。こうしてできあがったバラバラのソリューションをグローバルでサポートするのはとても大変です。すると、グローバルで統一されたプラットホーム全てをシングルインスタンスにしていこうとなりますが、それでは逆にローカルの要求に応えづらくなる。このローカルとグローバルのバランスを取ったオペレーションを作るところが苦労するポイントではないかと思います。

鹿子木　まったく同感ですね。今、お話しいただいたようなDXですが、御社内ではどういった取り組みをされてきたのでしょうか？

中村　実は内部の基幹システムを導入した時に難航したことがあります。2003年の創立50周年を機に「HORIBA Group is One Company」というスローガンの下にグループ全体で事業戦略を立て、グローバルでの意思決定の迅速化を図りました。そうした取り

”プラットフォームはできる限りグローバルに統一化したものにします“

――中村

組みを進める中で、地域でシェアができるようなサービスを効率化することを目標に、グループのＥＲＰのシステムを統一するプロジェクトが始まりました。グループのＩＴメンバーが集まってシステムの構築をスタートさせました。当初の目標は業務手順などを統一し、そのテンプレートをＳＡＰのシステムに入れることでした。

しかし、初めてづくしの取り組みの中では課題も多く、現場との距離感というか、地域特性の差というのをうまく埋めることができませんでした。結局ＳＡＰの導入は一部に限られ、グローバルのテンプレートとして落とし込むまでには至らなかった。そこで一度プロジェクトを中断し、２０１１年から再開しました。ＩＴのメンバーに加え、それぞれファンクションにおける現場のメンバーが集まり、グローバルで統一する領域と、各地域それぞれの特長を生かす余地をかなり吟味した上で、グローバルのＥＲＰ、ＳＡＰを導入していいます。２回目のチャレンジでは外部の協力も得ながらロールアップしたことにより、今では全社展開できるシステムとして定着しています。

鹿子木　地域性とグローバル共通のいいバランスが実現したということでしょうね。日本の製造業がグローバルでＤＸを進めていく上で、中村さんは何がポイントになると思われますか？

中村　繰り返しになりますが、プロジェクトは現場ドリブンで進めていく。それと並行して、ＩＴのメンバーは現場主導でやってきたアプリケーションに共通化できる部分を見出し、いかに横展開できるかということを考える。この２つのバランスをうまく取りながら

”プロジェクト自体はローカルに主導権を持たせるのですね？
——鹿子木“

推進することが重要だと思います。

鹿子木　プロジェクトは現場というかローカルで、ただ基盤としては共通のものを作っていく。そうすると横展開もしやすくなるし、いいとこ取りができるということですね。本日はとても面白い話をお聞きできました。ありがとうございました。

堀場製作所がいち早く取り組んだグローバルでの基幹システム導入

栗田　弊社は、現会長兼グループCEOの堀場厚が社長に就任した1992年を境にグローバル展開を加速しました。海外の会社を買収すると、当然グループの基幹システムが異なる状況が生まれます。当時、アメリカの子会社がSAPを、日本は内製のホストシステム、そして欧州はMovexやJD Edwardsなどをそれぞれ運用していたため、上がってくる情報がバラバラという状態でした。

M&Aが進み規模が大きくなるにつれて、財務のメンバーを中心に統合化した基幹システムが必要だという声が上がるようになりました。２００３年に「One Company宣言」という新しい経営方針を策定し、その中で統合ＳＡＰシステムの導入を検討することが正式に決まりました。ここでグローバル展開に向けたプレスタディがスタートします。

この時一番の課題になったのは、日本の生産プロセスでした。個別受注品を取り扱うための特化したプロセスがＳＡＰで実現できるのか、あるいはそのデータの標準化がどこまでできるのか、といったところを検討して、ある程度感触を得た２００５年からプロジェクトをスタートしました。ただこの時はグローバル展開のアプローチに問題があり、日本はＳＡＰを使ったシステムを導入していく一方で、中国は中国、ドイツはドイツと、横の連携が十分に取れないままそれぞれのプロジェクトが進んでしまったのです。それに加え、日本では現行の業務プロセス、やり方、手法というものをＡｓ-Ｉｓをベースに進めてしまったことも反省すべきところでした。こういう標準化をやっていくということは現状のＡｓ-Ｉｓを捨てないといけない。簡単な話ではありませんが、標準のプロセスに自

ディストリビューション&DX本部
DX戦略センター
デジタル戦略推進部 部長
船田紘平さん

ディストリビューション&DX本部
DX戦略センター
ICTサービス部 部長
栗田英正さん

分たちが合わせなければならない、今のものを捨てなければならないという覚悟が、私自身を含め、参画していたメンバーに足りていませんでした。

こうしてできあがったものは巨大なシステムになり、ある意味では共通化している部分もありますが、とても「グローバル統合基幹システム」と呼べるような出来ではありませんでした。

この時点でスケジュールが大幅に延び、予算もかなりオーバーしてしまいました。とても続けられる状況でなかったことに加え、ちょうどリーマンショックが起こったため、グローバル展開は一旦凍結になり、そして、リーマンショックが収束した2011年に改めて機運が高まり、再開する運びになったのです。

第1回で得た教訓から、盤石な体制を作る

栗田　第1回の時にバラバラに走ってしまったプロセスの標準化をしっかり図り、それをシステムでテンプレート化し、そのテンプレートを各地に展開していく。このようにアプローチを変えたのが第2回の取り組みになります。

第1回もプロセスの標準化はスローガンにあったはずですが、それにもかかわらず、進めていくためのアプローチがしっかり取られていなかった。プロセスの標準化に向けて、グループとして何を標準化するべきなのか、何をオプションにするのか、あるいはこの部分は各社柔軟に対応するのかということを議論しなければならなかったのです。つまり1回目に失敗した大きな要因は、コミュニケーション不足にありました。我々からすると、各拠点における業務プロセスごとのオーナーと直接コミュニケーションするチャネルもなかったですし、そもそも我々はそこまでしないといけないのかなと当事者意識が欠けてい

た反省もあります。日本のプロジェクトのトップと、各拠点のプロジェクトのトップが調整するのだろうと、他人事みたいなところがあったのかもしれません。

このような反省点を踏まえ、2回目は各プロセスオーナーが1か所に集まり、フェイストゥフェイスでコミュニケーションを取りながら、あれこれ議論しようということに合意を得て、皆さんに参画していただきました。プロセスのどこを標準化するのか、どんなレベル感で標準化するかをしっかりディスカッションする期間を4か月ほど取ったのです。

船田　弊社のM&Aは、相手企業がHORIBAの企業文化に共感し、一緒に働きたいと持ち掛けてきた「逆プロポーズ型」のケースが多いため、意思疎通の面では進めやすかったと思います。

栗田　そういった意味でも、世界各国のメンバーが1か所に集まって同じ時間を過ごしながら議論できたのは、とても良かったですね。

フランスでワークショップを2週間した後、すぐに場所を京都に移して同じメンバーでワークショップを行う。それぞれが課題を一旦持ち帰って、実際のシステムで対応できるのか、うちの国にはこういう法規制があるなど、細かい論点を整理した後に、またフランスで集まるなど、濃密な時間を過ごしました。これがなかったらおそらくグローバルの展

(↓) グローバル統合SAP

One Company経営を支える情報基盤として16か国20法人に展開

開はうまくいかなかったと思います。

結果として、第一関門であるテンプレートを作ることに成功しました。次のステップとしてグループに展開していく上でも、その裏にあるＨＯＲＩＢＡグループとしての標準化を守っていかなければならないという思いをグローバルで共有できていたことは、非常に大きかったと思います。

ＩＴ投資の効果を評価しつつ新しい取り組みを進める

栗田　意義や価値観をしっかりと共有し

た上で、グローバルの基幹システムを持つことは大きなアドバンテージだと思います。それができていることにより、現場でのオペレーションの数値をプロセスやシステムに反映しやすくなり、デジタルトランスフォーメーションという事業変革を進める後押しにもなると思います。こうしたチャレンジングな領域に対して、我々の力を最大限発揮しながらいかに攻めていくかといったことが、次の課題であると考えています。

一方で、ＩＴへ投資するリターンが出ているのか？　これは永遠の課題かもしれませんが、これまで十分に示しきれていない部分もあります。ＩＴ施策を実施する前に期待効果を十分に精査し、実施後に想定通りの成果が

5つの部門（生産、販売、購買、会計、サービス）のプロセスオーナーが各国から集まって顔をつき合わせ、長い時間をかけて議論を重ねた。その結果、グローバルでの基幹システム構築に成功した

出ているかどうかを評価し続けながら、平行して新しい取り組みを進める必要があると考えています。

「DX TODAY」3号（2023年6月発行）にて掲載。内容ならびに役職は取材当時のものです。

【中村さんとの対談を終えて】

堀場製作所の中村さんとの対談では、エンジニアらしいＤＸの取り組みや、グローバルでのＤＸの進め方についてお聞きしました。

世界の国々ではもちろん商習慣や契約等の法律がそれぞれ違います。従って、グローバルに統一できるところとローカルで存在しなければならない部分が混在し、多かれ少なかれ混在する中でビジネスを進めなければなりません。良くも悪くもそれが現実です。この、グローバルとローカルの理想のバランスを探す作業は非常に難しいものです。

その点を中村さんにお聞きすると、プラットフォームはグローバルに統一するものの、そのプロジェクトの主導権はローカルに任せるというアプローチを取っているとのことでした。これは1つのとても有効な手段だと思います。本来の目的である、データのリアルタイムでの取得によるガバナンスを生かしつつ各拠点に導入する、例えばＥＲＰや製造系のＭＥＳと呼ばれているソフトなどをローカルが調整する。これもある種のリーダーシップが非常に重要になるアプローチでしょう。

拠点でカスタマイズが入りすぎると、統一したグローバルの動きが鈍くなる。かといって、完全にグローバルで統一するのはまた無理な話で、それを目指そうとすると様々な要因により頓挫したり、最悪の場合はビジネスが止まってしまったりもします。ローカルとグローバル、双方のバランスを取ったオペレーションをどう実現していくかが、非常に重要なところです。

中村さんは、まずバーチャルチームのようなものを作ってスローガンを掲げ、意思決定を迅速化しました。そこからシステム構築をどうすればいいかを、拠点のメンバーが実際に集まってディスカッションし、目標を達成するために一丸となったと。2つの力のぶつかり合いと言ったら変ですが、組織の協力関係をプロジェクト上に作り、そこから高みを目指していく。そういうリーダーシップを発揮されたところが素晴らしい点です。

ここに関する正解はあまりないところではありますが、各企業のグローバルとローカルの考え方、その文化に合った進め方をやっていくことになるでしょう。

コラム

テクノロジーによるＤＸ

１９７０年代になると、製造現場は人の手による作業が難しいほど複雑化しました。その一方で、デジタル技術の発展によって自動化（オートメーション）が急速に進んだのは必然でした。業務プロセスの自動化についても、以前はメインフレームと呼ばれるような大掛かりなコンピューターシステムが必要で、一品ごとの高額投資が必要でしたが、パーソナルコンピューターの普及により汎用ＯＳ上のソフトウェア工学が進歩し、一気に自動化が進んでいます。

このようなデジタル化は、結果として膨大なデータを生むことになります。デジタル化以前のデータと言えば、例えば手書きの表等であり、量的にも人が収拾できる範囲で限られたものでした。しかしデジタルデータの蓄積は労力が要らず、データの保管場所も取らないため、扱うデータの量が飛躍的に増えました。デジタル化を目指したパイオニアが、まさかデータの海に溺れる未来を予想していたとは思えませんが、ハードディスクやメモリが安価になるに従って、より大量のデータが蓄積されるようになったのです。

とは言え、当時秋葉原で売られていたハードディスク容量は20ＭＢほどで、現在とは隔世の感があります。それでも手書きのデータに比べれば、超ビッグなデータでした。

そのような大量のデータになると、今度は人が1つ1つ読み取り解析することが難しくなります。そこで統計学の手法が導入されるようになりました。それがＤＯＥ（Design of Experiment：実験計画法）で、様々な条件下での実験で効率よく、また漏れなくデータを取得して統計的に分析します。

例えば、何かの物質の製造工程で5つの因子（温度、圧力、重量等）があった時に、どのような条件が望ましいのか探索するとします。それぞれの因子に対して、温度が0℃、10℃、20℃……、圧力が1キロパスカル、2キロパスカル……といった条件があるとすると、その組み合わせは膨大なものになります。しかし、もしも温度と圧力が相互に影響し合わない（独立因子）であれば、温度と圧力の組み合わせは考えなくてよくなり、実験の量はごっそり減ります。これは最も単純な例ですが、分割して考えることで実験を効率的に行えるわけです。

どの因子に関連性があるかは、現場のエキスパートは体感的にわかっているため自然に効率的な実験を行えますが、それでも因子が多い時にはＤＯＥは道具として使い勝手が良く、特にビジュアルに因子の存在を探索できるため、現場では大変役に立ちます。

次にデジタルツイン（現実世界の情報を収集し、仮想空間上に再現する技術）についてですが、システムのバーチャル化、平たく言えばコンピューターを使ったシミュレーションです。例えば飛行機の場合、操縦を実機で行うには高度な安全面の配慮が必要で、試行錯誤を重ねるのは難しいですが、フライトシミュレーターを使えば様々な学びを得ることができます。これと同じように、産業分野では、例えば化学プラントのシミュレーターが存在します。デジタルツインによって、化学プラントのオペレーターの教育はもとより、様々な条件下でのプラント運転の実験が机上でできるようになりました。

一般的には、デジタルツインは現実社会をモデル化したものです。産業用途なら、物理・化学等の原理を用いて対象の系の「モデル」を作ることになります。データ解析が、得られたデータを解析するという受動的な手法であるのに対し、デジタルツインは、実際の系の原理を紐解いてバーチャルな系を作り上げるという能動的な手法と言えます。デジタルツインを活用すれば、現場のエキスパートが持っている系の知識を利用することで、データの海に溺れない実験が行えます。モデル化ができるかどうかが、デジタルツインのキーとなるのです。

一方で、モデル化できないような系はどうするかという課題は残ります。製造業の持つ課題には、物理・化学の基本的な法則では表現しきれないものもあります。代表的な例としては、現在多くの部署の人が喧々諤々の議論を行って結論を出すような課題（例：製販会議）、あるいはいわゆる匠と呼ばれるような現場のエキスパートが自らの経験で判断するような課題（例：製造の新レシピ）などです。こういった、元来人間しか判断できそうにない課題が、今の製造業に残っています。

そういった課題を解決するのに着目されているのが、ゼロ知識から系のモデルを作り出せるＡＩ技術です。モデルが存在しない・見つからないという課題を解くためには、人間が行っている試行錯誤の経験をもとに、ゼロ知識からモデルを作り出すことが必要です。そのような技術で実用化されたものは少ないものの、一部のＡＩ、Deep Q-NetworkやＦＫＤＰＰ（Factorial Kernel Dynamic Policy Programming）によって長年の難問が解決に導ける可能性が出てきています。

このように、産業用技術の歴史は、データ量と活用テクノロジーの進歩のいたちごっこであり、メモリ・ハードディスクの容量の増大がＤＸテクノロジーの進歩を促している側面があります。

第4章
IHIのDX

chapter 4

DX conversation

株式会社ＩＨＩ　常務執行役員
高度情報マネジメント統括本部長

小宮義則さん

×

横河デジタル株式会社
代表取締役社長

鹿子木宏明

小宮義則さん

Yoshinori Komiya

1984年通商産業省（現 経済産業省）入省。経済産業政策局知的財産政策室長、製造産業局産業機械課長（ロボット産業室長兼任）、大臣秘書官 事務取扱などを経て、2008年内閣官房内閣参事官（副長官補付）就任後、IT基本法に基づくIT戦略の改定を推進。資源エネルギー庁長官官房総合政策課長、内閣府大臣官房宇宙審議官などを歴任後、2016年に特許庁長官就任。2017年に退官後、株式会社IHI入社。2020年4月より現職。

様々な官職を経て、現在、株式会社ＩＨＩで高度情報マネジメント統括本部長、常務執行役員を務める小宮義則さん。日本の製造業がＤＸを推進するためのポイントや課題についてお話を伺いました。

鹿子木　経済産業省ではＩＴ戦略や資源エネルギー政策、宇宙開発、特許など、幅広い分野の業務に携わられたと伺っています。長年、公職に就かれておられたわけですが、民間企業に入社されて違いを感じたことはありますか？

小宮　以前から製造業の方々と接する機会は多くありました。入社後は企業の立場でデジタル、つまりＤＸを本格的に進めることになったのですが、まず日本の製造業特有の採用構造に驚きました。

鹿子木　具体的にはどのようなことでしょうか。

小宮　役所の場合、２年ほどで部署が変わるため、いろいろな経験を積むことができます。その分、底が浅いというご意見はあるものの、結果的に物事を広く見る力が養われます。一方、製造業である弊社の場合、営業なら営業、設計なら設計と特定の部門、部署で固定されるケースがほとんどです。会社全体の事業を意識し始めるのが50歳前後になりますが、これでは少し遅すぎます。DXのためにはもう少し早くから広い視野を持つことが必要だと思います。

鹿子木　DXを進めていくには、会社内の様々な部門との連携が必要になる。そのためには、様々な部門部署での経験やコミュニケーションが必要だということですね。

小宮　日本の製造業の技術は、蓄積が強みになるという風潮があります。いわゆる勘や経験といったことですが、高度経済成長期にうまくいき過ぎたことが影響しているのでしょう。私はDXを阻む壁は3つあると考えていますが、これがまず1つ目の「アナログの壁」です。

鹿子木　おっしゃる通り、日本の製造業は現場の手触り感みたいなものが匠の技として重宝されます。それは唯一無二の強みでもありますが、それをどうやって人に伝えていくのでしょうか。

小宮　デジタル化、つまり数値化して共有していくことでしょう。ですが、これを進める上でぶつかるのが2つ目の「サイロ化の壁」です。部署ごとにシステムを作ったり、情報を管理するだけでは何も生み出しません。例えば社内でERPとPLMを共通化することで、手順や成功、起きてしまった失敗の知恵を違う舞台にも広げることができます。そうすることで時間の効率化にもつながりますし、個別に行ってきた投資も不要になる。補完性が生まれることでビッグデータの活用価値も生まれます。

鹿子木　サイロ化を解消できれば新たな可能性が生まれる。

小宮　そうです。サイロ化したままではバリューエンジニアリングができません。バリューエンジニアリングとはひとことで言うと、お客様が求めていることを前提に、こだわるべき部分と標準化してこだわらなくていい部分をはっきり分けていくことです。弊社では1つのビジネスユニットの中に、営業、設計、調達、生産、建設、アフターサービスと6つの部門があります。ビジネスユニット内がサイロ化していると、営業はお客様の細かい要望にも個別に対応し、設計や生産はそれに応えようとする。そうやってそれぞれが突き詰めていくとコスト高になって利益に結び付かなかったり、製造から納品までの時間が長くなりすぎ、お客様が離れてしまうこともあります。それを解消するには各部署からでなく、一歩引いた全体を俯瞰する視点から、お客様はどこに価値を置いているのか、自分たちはどこで利益を得るのかを考えることが必要です。

そしてもう1つの壁が、製造業の収益構造から脱却し「コト売り」にシフトできないという「モノ売り」の壁です。

”DXを進めるには、乗り越えなければならない3つの壁があると？

――鹿子木“

「DX指針三箇条」を作成し、社員の意識改革を進める

鹿子木　DXを進めるには、「アナログの壁」、「サイロ化の壁」、「モノ売りの壁」を乗り越える必要があると。いずれも一筋縄ではいかない問題ですね。御社は経済産業省と東京証券取引所が選定する「DX銘柄」に2年連続で選ばれましたが、どのように社内全体をDX思考に変えていったのですか。

小宮　デジタルトランスフォーメーションというのは「トランス by デジタル」、もしくは「トランス with デジタル」のことです。つまり、トランスフォーメーションする気がない人に、いくらデジタルをすすめてもDXは起こりません。まずは意識改革を進めることですね。

鹿子木　具体的には何をされたのでしょうか。

小宮　各事業領域のカンパニー長と相談して「DX指針三箇条」を作成しました。「第一条　社会課題とお客様の価値を意識する」、「第二条　外、横、縦とつながり対話する」、「第三条　データに基づき、改革を貫徹する」というものです。

第一条は当たり前のことのようですが、実はできていない。例えば、弊社の機械を使ってくださっている顧客のところに営業マンが足を運ぶと「昨日もIHIさんいらっしゃいましたよ」と言われる。つまり、機械ごとに弊社側の担当部署も担当者も違っていて、お客様の情報が共有できていないのです。また、顧客側も対応する人によって要望が異なっ

”はい、それは「アナログの壁」、「サイロ化の壁」、そして「モノ売りの壁」です

――小宮“

たりするため、根本的に何に困っておられるのか、こちらも把握できない。まずはそうした社会課題やお客様の価値を意識することが大切だと考えます。

第二条は、社会課題やお客様の価値を知るためには、狭い組織の中だけでなく、他の人たちと積極的につながりなさいということです。ここで言う「外」は社外の人、「横」は自分の所属部署以外の人、「縦」はバリューチェーンの中で、自分が担当する役割以外の担当者のことです。異なる意見や視野を持つことはとても大切です。

第三条は先ほどの「アナログの壁」の話で申し上げたように、勘や経験だけに頼るのではなくきちんとデータ化し、それをもとに客観的に作業することです。

これらを周知するために社内向けのビデオを作成し、社長の井手に「DX指針三箇条」や、今進めようとしているDXについて話してもらいました。また、社内のイントラで「高度情報マネジメント統括本部」をクリックすると必ず「DX指針三箇条」が表示され、それを見ないと中に入れない仕組みにするなど、社内で「DX指針三箇条」が目につくようにしています。

鹿子木　次のステップはどのようなことをお考えですか。

小宮　デジタイゼーションです。4つある事業領域の中の「航空・宇宙・防衛事業領域」

で、すでに進めています。

ＤＸ担当者が現場を調査すると、業績など様々な数字をＥｘｃｅｌに打ち込みメールに添付し、それをまた集計して……といった作業にとんでもない時間と労力を費やしていることがわかりました。そこでＢＩツールを導入し、２年かけてデータの収集だけでなく過去のデータも事業領域長が見られるようにしました。システムの刷新とスループットの劇的増加を合言葉に、今も製造方法まで全て変えようと動いています。

また、今年（２０２３年）４月にはトランスフォーメーションセンターを作りました。大転換を図るのに欠かせないのが「プロセスばらし」です。業務プロセスを徹底的に因数分解した上で、ムダが生じている部分などを見極め、再度組み立て直しをしています。単にシステムを当て込むだけでは効果は期待できません。実は航空・宇宙・防衛事業領域もサイロ化構造が強かったのですが、プロセスばらしを進めることでＤＸが進みました。これを他の３つの事業領域にも展開するというのが今後の課題です。

また、４つの事業領域の中にビジネスユニットは全部で18あり、さらにそれぞれに６つの部門があるので約１８０人のＤＸリーダーを立てました。ＤＸ指針三箇条も含め、意識啓発の伝道師になってもらいたいと思っています。

鹿子木　最後に日本の製造業がＤＸを進めるために、何をすればいいと思われますか。

小宮　欧米などＤＸの先進国に行き、体験するといいと思います。明治維新がそうであったように、どうすれば欧米のライバルに対抗できるかに気が付いて、ＤＸが加速すると思います。視野の広さや示唆を捉える点など虫の目だけではなく、鳥の目も持つことが必要ではないでしょうか。

鹿子木　技術的には日本も決して劣っているわけではないということですね。有意義なお話、ありがとうございました。

ＩＨＩのＤＸによるビジネス改革はデータの一元化から始まる

航空・宇宙・防衛・事業領域でスマートファクトリーに着手したのは2016年のことです。2020年にいわゆる本格的なデジタルトランスフォーメーションへと踏み出したのですが、その最大の理由は社内資料の作成に時間がかかり過ぎていたことでした。データの保管場所が分散されているばかりか、そのデータもＥｘｃｅｌがあれば手書きのものもある。もちろん保存形式などバラバラです。前月の在庫や業績などの情報を整理し、資料化するのに1か月を要してしまう。

その資料作成の手順は、一次データを基幹システムからＣＳＶファイルで取り出し→Ｅｘｃｅｌに入力→パワーポイントに貼り付け→共有フォルダに保存→メール連絡→印刷、という流れでした。ＥｘｃｅｌデータをＢ順々に渡すことから〝Ｅｘｃｅｌバケツリレー〟と呼んでいます。

このように資料作成に時間を要し、重要な幹部との検討会への対策が後手に回るなどしていたため、データ収集にかかる時間や手間をゼロにするデータウェアハウスの整備と、ＢＩツールの活用に着手したのです。

「ＢＩツール導入」という施策はよく行われていると思いますが、かといって、その内容を社内にあまねく伝えるのは容易ではありません。私が最初に取り組んだのは、何より

航空・宇宙・防衛事業領域
トランスフォーメーションセンター
デジタルトランスフォーメーション推進部部長
呉 宏堯さん

わかりやすい言葉で伝えることです。加えて強制的にではなく、気が付くと使っていた、という流れになったらいいなと。そこで「脱Ｅｘｃｅｌ」をスローガンに掲げました。

〝Ｅｘｃｅｌバケツリレー〟をやめませんか、ということです。

また、「Ｅｘｃｅｌをやめてください」と一方的に切り出すのではなく、「Ｅｘｃｅｌをやめたらどうなりますか？」と聞くようにしました。すると、現場が必要としていることを引き出しやすくなったのです。興味を持ってくれた人には、ＢＩツールで希望するポータルをこちらで作って提供しました。そこでの順番は、手を挙げた人から進める早い者勝ちでした。これが私たちの「ポータル化活動」の始まりです。社員が同じ一次データを使って仕事ができる、データを一元化した基盤、ポータルサイトを作ろうと。イメージしたのは検索サイトを見る感覚で使えるポータルサイトです。同時に、必要なものは1か所に何でも揃っている便利なコンビニのような存在です。

初めに構築したのは、調達者向けのサイトでした。1つの部品番号を指定すると別々のシステムからデータを検索し、計算して、将来の在庫情報の表示を可能にしました。それができるととても便利で、しかも初めての人でも数日あれば最初のポータルを作成できるという手軽さもあって、これを皮切りに工場や設計、財務など、ほぼ全業務で使い始めました。ここで「脱Ｅｘｃｅｌ」から「同じデータを見る」という目的がひとまず、達成されました。

プロセスを徹底的にばらし、データを細部まで揃える

ポータル化によってデータ収集の時間がゼロに近づき、誰もが楽になると思いました

(↓) ポータル化活動の進化プロセス

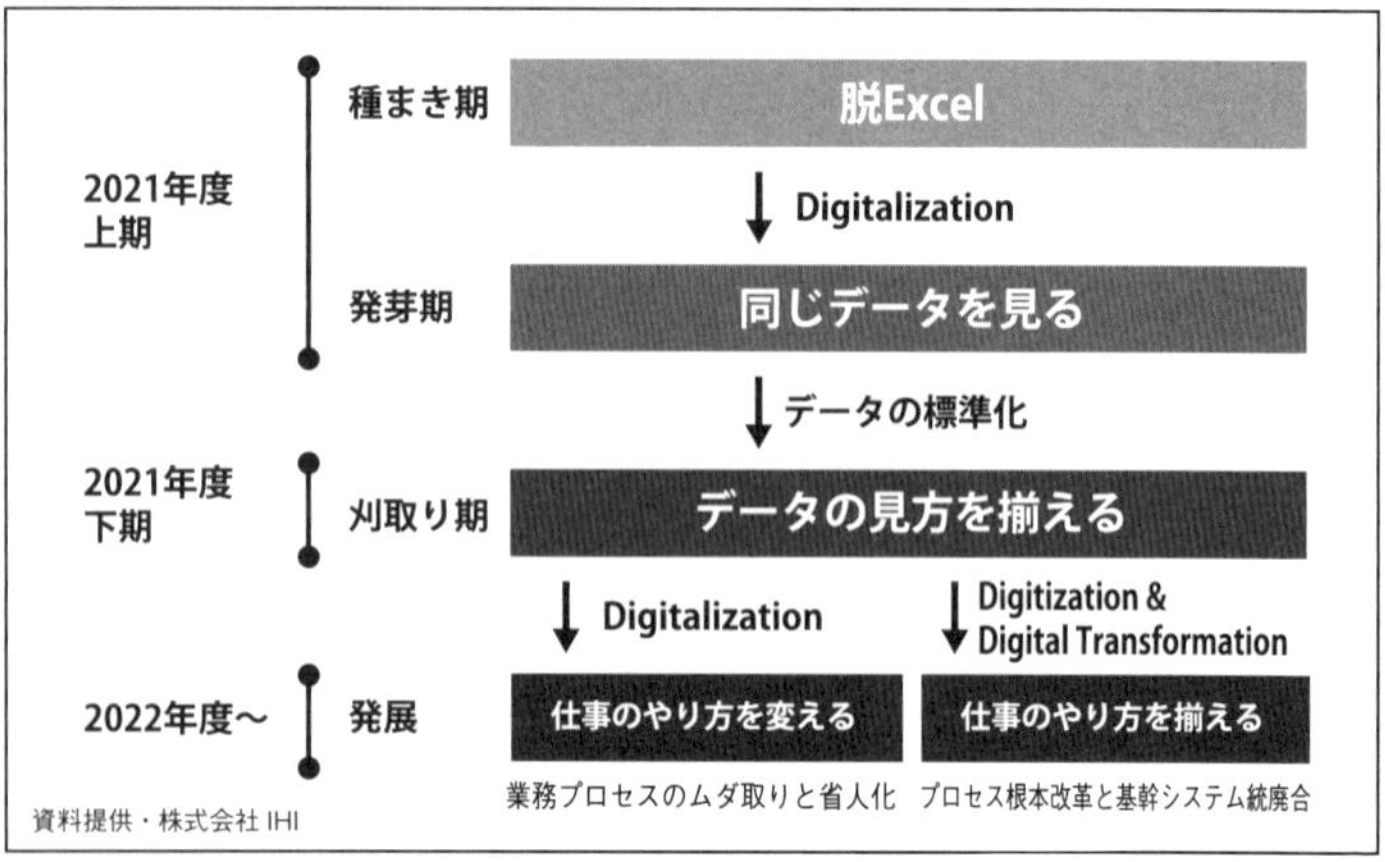

資料提供・株式会社IHI

が、実際はそうはなりませんでした。データの見せ方や、そもそもの一次データの作り方が統一されていなかったからです。

例えば残業のグラフにしても、部署によって縦軸と横軸で示されている内容やグラフの形式、色が違う。内容自体は同じでも、見せ方が異なっていると、2つ以上のグラフを比較する際はとても見づらくわかりにくいものです。また、データを突き合わせてみると、同じ1日単位でも数字が連動しないことがありました。調べてみると、データ集計の時間軸が異なっていたのです。他にも数字の欠損や、そもそものデータが違っている、といったこともありました。データを見える化しても、その見え方が異なっていたり単位や数値が違っていては、その価値は半減してしまいます。そこで次の目標を「データの見方を揃える」ことにしました。

まず、見方を揃えることについては、複数の工場間の担当者に話し合って決めてもらいました。一方的に押し付けるとうまくいかないものですが、ベストな方法を皆さんで選んでいただくことで解決できました。

次に、一次データの精度を上げるために、最初のデータが作られる工程や業務プロセスそのものを変えることにしました。そのための手段が「プロセスばらし」です。通常は〝プロセスのムダをなくす〟ことが目的ですが、弊社は〝プロセスの共通化〟を重視しました。単に部門や書類のやりとりだけでなく、書類に書かれた内容、すなわちデータ項目そのものにまで分解範囲を広げていったのです。実を言うと、深掘りし過ぎると収拾がつかなくなるのではないかという懸念もありました。ところが詳細に見ることで共通化の糸口が見えてきたのです。結果的に一次データの種類や業務プロセスのパターンを減らせる見通しが出てきました。

DX推進にはコミュニケーション力が必須

このようなDXを遂行するには、1つの部門内だけでは限界があり、部門、事業部、工場をまたいで業務プロセスの共通化を図る必要があります。そのためには、どの部門にも属さず、客観的かつ円滑にコミュニケーションが取れるDX専門の部署が求められます。

私は今、デジタルトランスフォーメーション推進部に所属していますが、宇宙関係で設計工学に長年携わっていました。その後、新設の部署を4つくらい経験してきたのですが、もともとはITやデジタルの専門家ではありません。私が所属していた設計の現場は職人的なアナログな世界。改革をデジタル知

（↓）IHIグループのDX

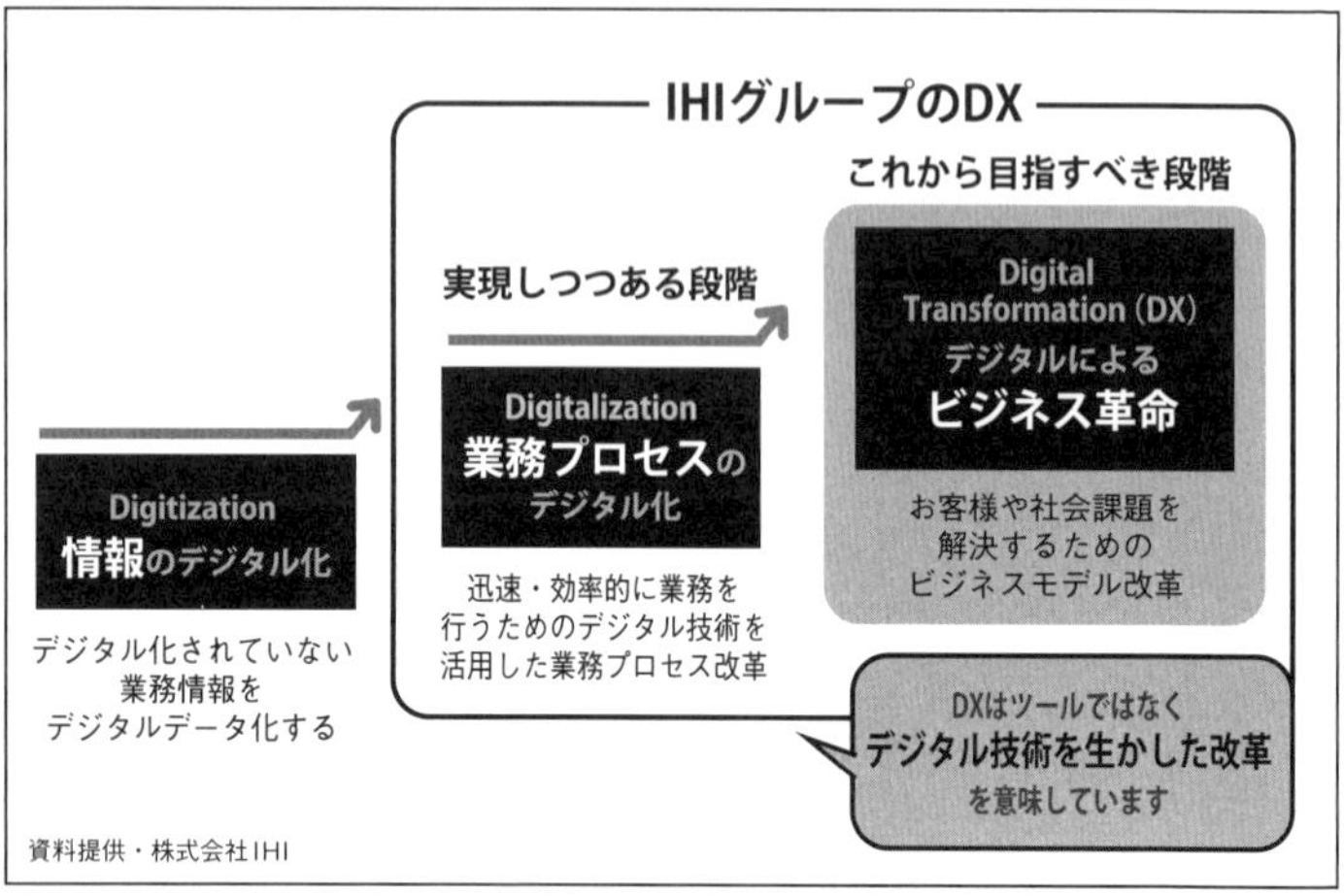

識で理詰めされるよりも、人とのコミュニケーションが大切だと感じています。今、その経験を生かしていますし、様々な部署で培ったコミュニケーション力も役立っています。つまりDXはデジタルと言えど、それをつないでいくのは結局〝人〟なのです。

「プロセスばらし」により、DXの進め方が必然的に変わりました。目先の手間を減らすのではなく、データドリブンになるために何を変えれば良いかを話し合えるようになったのです。私たちのプロセスばらしが進んだのは、特に私たちの領域の意識が高いとか、DX部門にイニシアチブがあるわけではなく、現場の方々が部門を超えて改善したいと思っていたことをDX部門が汲み取り、現場と話し合いながら一緒に取り組むことができた結果だと思います。仕事のやり方が揃うことで、今後、プロセスの根本改革と基幹システムの統廃合が進んでいくでしょう。

IHIはまだ誰もが作っていないものを創造し、開発する会社です。そのために試行錯誤を繰り返し、日々、様々なチャレンジをしています。DXも同様に、現場の進化に合わせてステップを変え、ビジネス変革を進めていくことが目標になるかと思います。

「DX TODAY」4号（2023年8月発行）にて掲載。内容ならびに役職は取材当時のものです。

【小宮さんとの対談を終えて】

経済産業省で様々な業務に携わられた後に、製造業ＤＸの世界で活躍されている小宮さんは、ＤＸを阻む要因となるのは、アナログの壁、サイロ化の壁、モノ売りの壁の、３つの壁だと指摘しています。

まずアナログの壁ですが、日本の製造業では経験や勘が強みの源泉になっていました。そこに対してデジタル化を進めると、今までと違うことをやることになり、当然拒否反応が出ます。これがアナログの壁です。まずはその意識を変える必要があります。

次に立ち塞がるのがサイロ化の壁です。サイロ化は、データの取り方や扱い方が、営業、設計、調達、生産、建設など、それぞれの部署で最適化されているということです。現状のビジネスに最適化された結果がサイロ化ですから、サイロ化は悪いことではありません。ところがデジタル化、あるいは全体での最適化を進めようとするとネックになる。それがサイロ化の特徴です。サイロ化のままでは会社はうまく回らないという意識をしっかり浸透させることが必要だと小宮さんは話されています。

もう1つが、これまでの収益構造から脱却し、モノ売りからコト売りにシフトすることです。海外企業はこれが得意で、このコト売りのビジネスが非常に成功しています。そこに対抗しようとすると、収益構造を含めてコト売りに最適化するように、社内の仕組みを変えなければいけません。

アナログの壁、サイロ化の壁、モノ売りの壁という3つの壁を乗り越えるのは一筋縄では行かず、そこをどうやって変えていくか。そこで、小宮さんはDX指針3箇条を掲げ、それを社長が宣言するビデオを作成しました。そしてこれは会社の方針で、こっちに舵を切ることを社内に浸透させていったのです。意識改革から始める方法です。

それが各事業領域に展開され、そこでDX推進リーダーを決め、そのリーダーが意識高く組織の隅々までDXへの意識啓発をしたのです。いざ意識が変われば、あとは社員が自発的に動く、動けるでしょうというアプローチです。

どう変わらなければいけないのかを示す。その前に、一体何が障壁になっているのかを分析して3つの壁を見つけ出し、それに対して、意識改革を促すDX指針3箇条を作った。まさに鳥の目で大転換を図られたのです。

「D」を手段の1つとして取り入れるDX

DXとは、デジタル（D）トランスフォーメーション（X）の略ですが、強調されがちなのはDの部分です。デジタル（D）を中心に考えてしまうと、例えば、「××の製造工程にツールを導入しよう」だったり、「××の業務のコストダウンのためにITシステムを検討しよう」といった、ツールと結び付くような課題しか上がってこないことが起きかねません。どうしても個別最適の足し算となってしまいます。「ITツール1のコスト」+「ITツール2のコスト」+「ITツール3のコスト」+……、といった具合にコストが積み上がってしまうわけです。

左図は、経済産業省が公開したレポート「製造業をめぐる現状と課題　今後の政策の方向性」より引用したものです。製造業を全体俯瞰するのにわかりやすいのでご紹介します。

資料では、製造業全体の業務をマニュファクチャリングチェーンと呼ぶことにする、マニュファクチャリングチェーンは4つのチェーンに分解できる、としています。そのそれぞれの定義は以下です。

（↓）製造業全体の俯瞰図

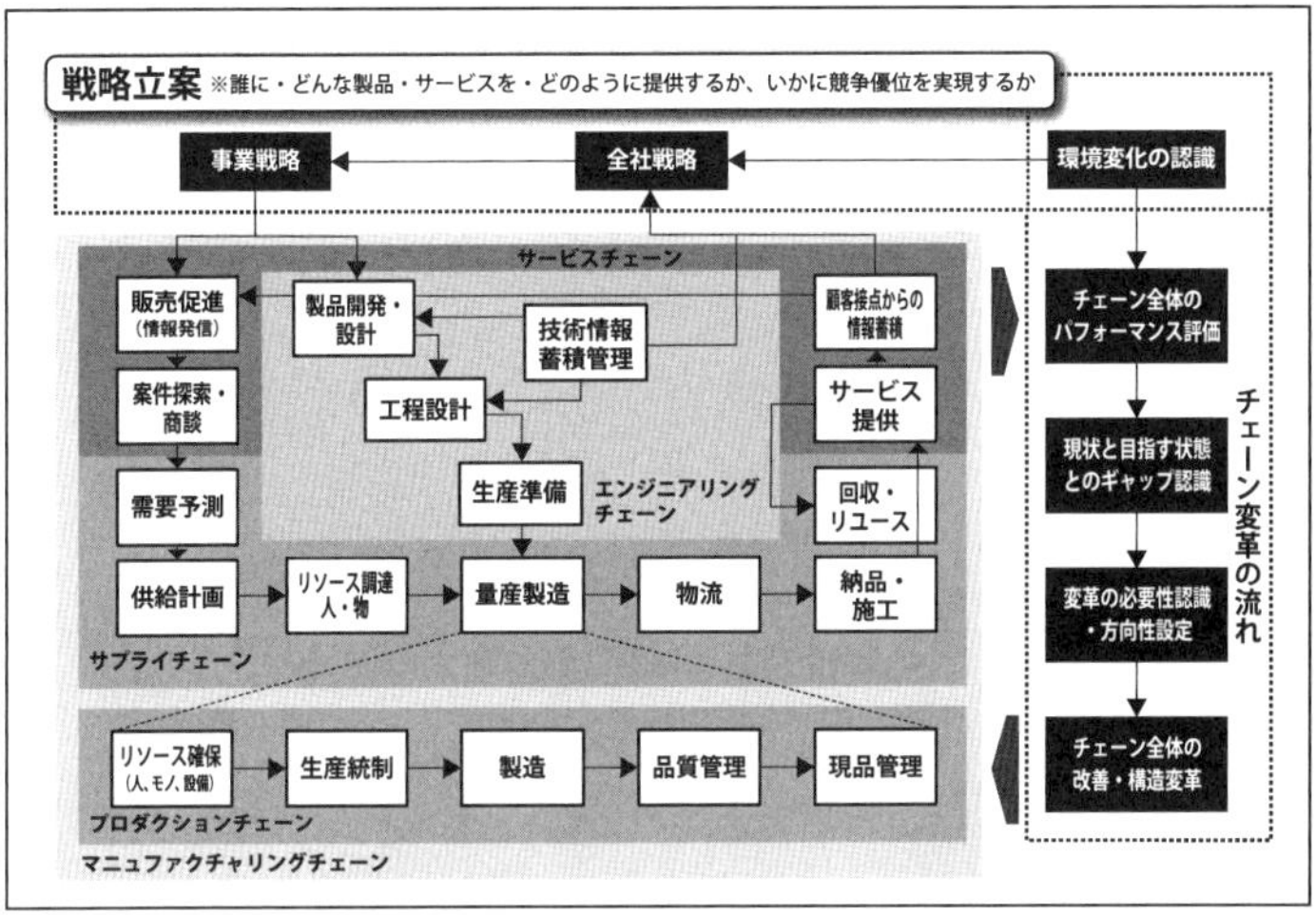

①エンジニアリングチェーン……設計を中心とした技術と情報をものづくり各機能に訴求する業務連鎖

②サプライチェーン……最終需要者に商品供給するための、材料調達から商品納入までの「もの」を中心とした業務連鎖

③プロダクションチェーン……製造に焦点を当てた業務連鎖

④サービスチェーン……納入後の商品価値を維持するための業務連鎖、投入した商材を起点とした顧客へのサービス提供と新たな顧客ニーズの発掘を促す業務連鎖

例えば、製造部署が製造DXに取り組もうとした場合には、当然ながら製品品質や製造

効率等をさらに改善しようと、③プロダクションチェーン部分でのデジタルの活用を考えます。一方、経営層は、財務指標に直接影響する部分に興味があることも多く、そうするといわゆる「在庫」に注目します。在庫というのは、コスト（資金）をかけて作ったものの、いまだそのコストを回収できていない社内に残った資産と捉えられるので、財務指標に直接登場する数字です。キャッシュフロー等にも大きく影響するため、経営が気にするのは②サプライチェーンのＤＸになります。

このような部分部分での最適化が行われてしまうと、先ほど述べた個別最適による「ＩＴツール導入コストの単純な足し算」が起こります。必要なのは全体最適です。

全体最適の一例として、センサーやシステム製品の製造を行っている横河グループの、Ａ＋Ｂ＋Ｃ経営と呼ばれるグループ全体最適化があります（左図）。Ａは製品開発や売り方をどうするか、Ｂはその製品の作り方、Ｃはその製品をお客様に届ける方法を指していて、Ａ＋Ｂ＋Ｃ全体を最適化するというものです。つまり、製品を設計する初期段階から、作り方や調達の効率まで考慮する、といった考え方です。このように、製造業業務の全体最適化は実際に可能です。

マニュファクチャリングチェーンの全体俯瞰と最適化は「プロセスばらし」ですから、

必ずしもデジタルが必要ではありません。コンピューターが発明される前の製造業ではアナログで行われていました。現代ではおそらくデジタルという手段を使うのが一番楽なのでDXと呼ばれますが、目的と手段を取り違えてはいけないと考えられます。

●参考文献
「製造業をめぐる現状と課題　今後の政策の方向性」経済産業省
「ものづくりの理念・方針」横河マニュファクチャリング
https://www.yokogawa.com/jp-ymg/about/philosophy_policy/

（↓）横河グループ全体の最適化

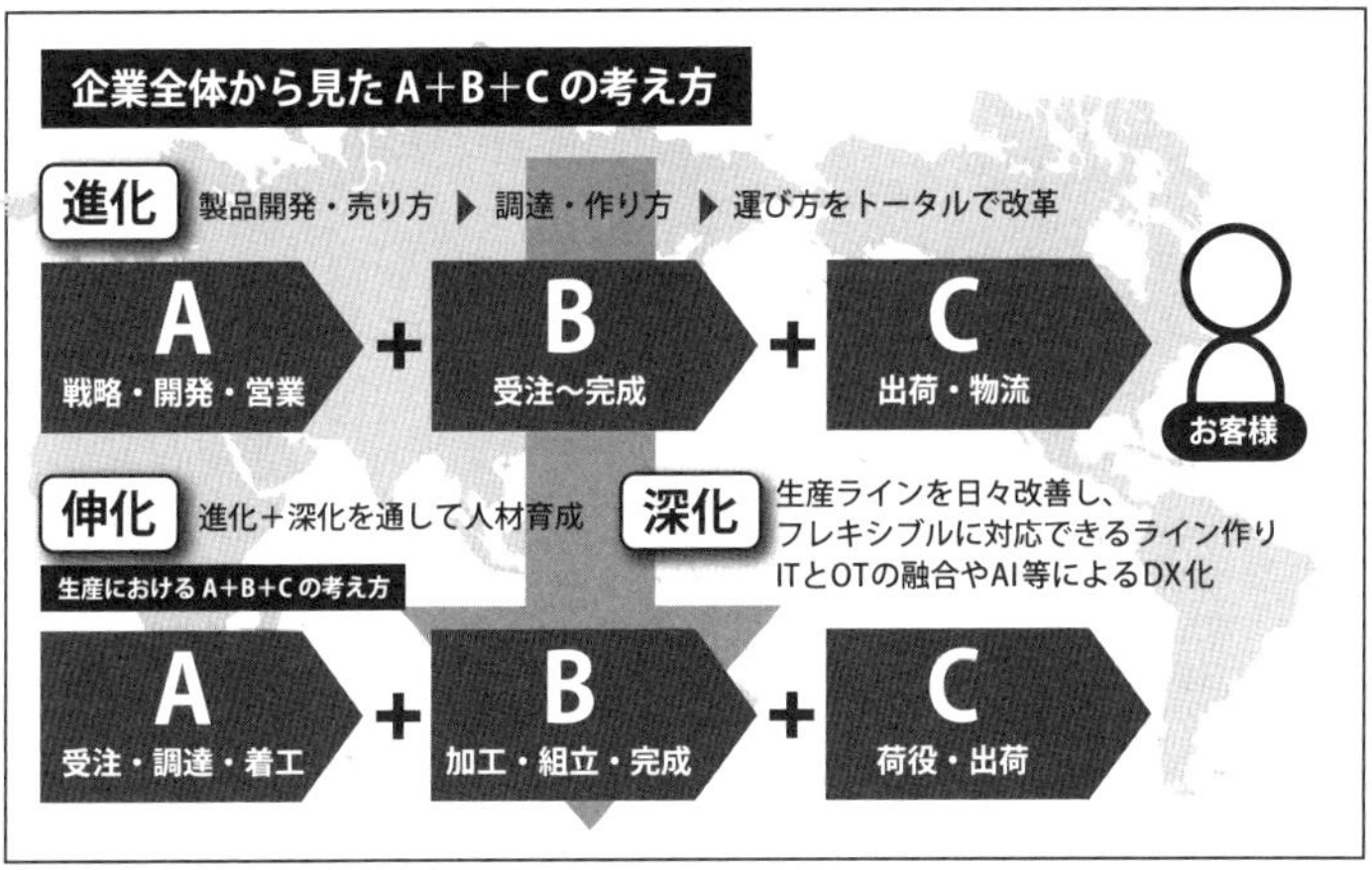

第5章

日本ペイントグループのDX

chapter 5

DX conversation

日本ペイントコーポレートソリューションズ株式会社
常務執行役員　日本グループＣＩＯ

石野普之さん

×

横河デジタル株式会社
代表取締役社長

鹿子木宏明

石野普之さん

Hiroyuki Ishino

1984年4月に株式会社リコー入社。R&Dのソフトウェア開発に従事。2000年よりアメリカの統括販社に赴任し、ITガバナンスやERPプロジェクトの責任者を歴任。2009年帰国。2012年よりグローバルITの責任者を7年間務める。その間、リコーITソリューションズ株式会社代表取締役社長執行役員も兼務。2021年8月より日本ペイントホールディングス株式会社常務執行役員CIO。2022年より現職。

今回、対談にお招きしたのは日本ペイントコーポレートソリューションズ株式会社の常務執行役員、日本グループＣＩＯの石野普之さん。どのようなＤＸの取り組みをされているのか、お話を伺いました。

鹿子木　まずはご経歴から教えていただけますか。

石野　ソフトウェアの技術者として、大学卒業後、新卒で株式会社リコーに入社しました。以来30数年の間に、ＥＲＰプロジェクトやグローバルＩＴの責任者、ソフトウェアエンジニアリング会社の社長を歴任しました。９年間、アメリカに駐在したこともあります。こうしたリコーでの様々な経験が、今の私のベースになっています。日本ペイントグループに転職したのは２年前です。

鹿子木　技術者として、どのようなことをされていたのですか？

石野　複写機の制御ソフト技術者として採用されましたが、情報システムの仕事を希望し、そちらに配属されました。20代の頃はその制御ソフト技術者をサポートする仕組み作りなど、いろいろなものにチャレンジしましたね。

鹿子木　その後、ＩＴを使って会社全体を変えることにシフトされたと。

石野　はい。私はまだ誰も足を踏み入れていない、真っ白な雪の上に自分の足跡をつけていくのが大好きなんです。テクノロジーがどんどん進化するＩＴの世界はまさに白い雪だらけで、技術者として、新しいソフトを作っていくのはとても楽しいことでした。ところが30歳くらいの時、グローバルサプライチェーンを企画するチームに入り、それまでとは全然違うビジネスの視点が見えてきたのです。

その後、１９９０年代にはグループウェアのＮｏｔｅｓを全社に展開するプロジェクトに携わりました。「全員参加のＩＴ革命」と銘打って、Ｎｏｔｅｓで全社員が自分たちの目の前の業務の改革を推進し、我々ＩＴ部門も単なるツール導入だけでなく、ルールを決めたり、トレーニングを企画するなどのプロモーションを積極的に実施しました。その結果、１９９０年代には紙の文書は全て電子化され、判子もなくなりました。

もちろん私一人の力ではありませんが、会社全体を変えていく体験はやりがいを感じました。そのあたりから私の仕事の方向性が変わっていったように思いますね。

鹿子木　その時代としては、かなり先進的な取り組みですね。海外赴任されたのはその後のことですか。

石野　そうです。実を言うと、まったく海外に行きたいとは思いませんでした。英語は大の苦手で、まったく話せなかったのです。しかも、すでに39歳になっていました。部下には常々、「どんなこともチャンスだと思え」と言っていた手前、断ることもできず……。よく引き受けたと、いまだに思います（笑）。ですが、その経験が自分のターニングポイントになったのは間違いないですね。

日本の常識は、もちろん海外では通用しない

鹿子木　文化や仕事の進め方など、日本と違うことは多々あると思いますが、特に印象に残っていることは何ですか？

石野　日本の常識は世界の非常識ということ。これはかなり衝撃でした。どちらがいいか悪いかではありません。仕事においてはスピード感とコミットメントに大きな差を感じました。日本では結果が伴わなくとも、よく頑張ったからそこを評価する、といった具合にプロセスを大切にします。一方、アメリカでは結果を出さなければまったく評価されません。結果を出すためには期間が決められるので、当然スピードも求められます。加えて、

”「D↓X」の順ではなく、「X↓D」ですか？
――鹿子木“

議論や討論といったものが日本人は苦手です。よくあることですが、日本からアメリカまでプレゼンをしに来てアメリカ人から意見をぶつけられると、日本人は本社で検討すると言って、その場で答えを出さずに持ち帰ってしまう。言わなくてもわかるでしょうという価値観も海外では通用しません。

鹿子木　ＤＸにおいても、グローバルな視点で見ると日本は違うとお考えですか？

石野　世界中を見ても、１００年以上続いている企業が圧倒的に多いのは日本です。伝統を継続しながら、どのように変化させていくか。経営陣に加わる人の多くは、長年その会社に従事してきた人たちです。つまり、大きな変革は難しい。

一方欧米では、外部から経営者を連れてくるケースが多く、その経営者が牽引役となってチームを作り、アイデアを出し合ったりするため大変革が起きます。ここが大きな違いです。日本でも、若手やいろんな業界の人たちを集めたブレーンチームを作り、アイデアを出し合ってみると面白いのかもしれませんね。

日本の企業風土が悪い、という意味ではありません。そもそも土台が違うので無理に欧米の手法を真似ても絵に描いた餅になり、誰もついていけないということになります。

鹿子木　御社では、どのように取り組まれているのですか？

石野　私が入社する少し前に資本が大きく変わり、グローバル経営がより一層加速しました。日本ペイントグループはシンガポール人と日本人の共同社長体制なので、グローバル企業のように、トランスフォーメーションは常に起こっています。しかし弊社は、どちら

”そうです。実はその順番のほうがうまくいくと思います“

——石野

かと言うとＩＴ活用では後れを取っており、デジタルと言ってもなかなかついてこない。そこでＩＴを抜本的に見直してほしいとお声がけしていただいたのです。

鹿子木　では、「Ｄ（デジタル化）→Ｘ（トランスフォーメーション）」ではなく、「Ｘ→Ｄ」の順番だったと。

石野　そうです。実はこの順番のほうがうまくいくと思います。この技術で何ができるかより先に、まずどんな変革をしたいのかが先に来る必要があるからです。

例えば２０００年代に、日本では多くの企業がＥＲＰを導入しました。ただ当時多くの企業は自社の仕事の仕方のほうが優れていると考え、ＥＲＰを自分たちに合わせようとした結果、多くの追加開発が発生しました。ＥＲＰはもともとデータを活用し、経営の品質とスピードを上げるためにあるわけで、目的と手段が入れ替わってしまったのです。

鹿子木　わかりやすい例えですね。

石野　ＩＴ部門の人材は、もちろんテクノロジーの知識に長けています。ですが、どちらかというと〝守り〟の人材が多く、新しいビジネスモデルを作るなどの、〝攻め〟の考えを持ち合わせていない人が多いように思います。

鹿子木　〝守り〟のＩＴと、〝攻め〟のＩＴ。変革を起こすには、〝攻め〟の人材が欠かせないと。

石野　弊社では、あるプロジェクトチームでChatGPTの使用を推進しています。それが直接成果につながるかどうかは別として、新しいテクノロジーの可能性や限界、リスクというのは触りながら興味を持って覚えるものだからです。その中で覚醒した人たちを引っ張り上げることがデジタル人材を開発する1つの道です。

これもアメリカにいた時に感じたことなのですが、日本人は教えてもらうまで待っている傾向があります。もちろん企業が勉強する仕組みを作って、育てることで教養は高まります。ですが、デジタル分野で必要なのはもっと尖った人材です。自分のキャリアを思い描き、その目標に向かって様々なアイデアを考え、実践する方法を考える。そのように自主性を持った人材を開発するには、自分から学んでもらうことが大事だと考えています。

鹿子木　キャリアは自分で開発していくものだという考え方はまったく同意見です。

石野　こうした取り組みや、顧客接点を作るために始めたオンライン発注システム「GOOD JOBシステム」も、今までやっていなかったことを実現したという意味ではDXの1つだと考えています。

今、DXが注目されているのは技術革新のスピードがどんどん加速しているからだと思っています。つまり、今は使えていない、あるいはたいしたことがないと思われている技術でも、どこかでブレークスルーする可能性もあります。ＩＴ部門やその責任者はそうした情報を社内で共有し、経営者もＩＴ部門に任せっぱなしにしないことが必要です。

鹿子木　ＤＸはＤから入るのではなく、Ｘから考える。そのお話がとても印象的でした。ありがとうございました。

各社の現場から

DX FrontLine

1 日本ペイントグループが取り組むAIリテラシーの向上と業務効率アップ

細山田　私は自動車用塗料を扱う事業会社に所属しています。今年（２０２３年）３月、ＧＰＴ-４がリリースされてすぐ、弊社副社長の指示でＣｈａｔＧＰＴを業務に取り入れるという特命のプロジェクトが組まれました。その理由は、弊社ではプレゼン資料作りや議事録作成をはじめとした非コア業務に時間が多く割かれており、最も時間を費やすべきお客様や社内でのコミュニケーション、既存事業の高付加価値化、新規イノベーションなどに、思うように時間が取れていないという現実があったからです。

当初は〝働き方をＡＩで変えたい〟という漠然とした目標でしたが、日本ペイントグループのロールモデルになるべく、プロジェクトチームで先行して導入しました。10月初旬には全従業員が使えるようローンチ予定です（２０２３年9月20日現在）。

丸山　導入にあたっては、ＣｈａｔＧＰＴを使って何をするのか、用途をある程度パターン化しないと使ってもらえないと考え、12個のプロンプトを設定しました。具体的には、翻訳、文章の添削、議事録作成、プログラムコード作成など、日常の業務でよく使う内容です。

細山田　実際に使ってみると、例えば翻訳は今まで人海戦術のようにやっていたものが、ＣｈａｔＧＰＴを活用することで効率アップが図られました。ＡＩが翻訳したものに少し手を加えるだけで完成します。また、今回のプロジェクトを経営会議に上申する際のプレゼン資料もＣｈａｔＧＰＴを使うと、説得力あるものが簡単に作れました。私の感覚で

日本ペイントコーポレートソリューションズ株式会社
IT ＆ソリューション部 戦略企画グループ
グループマネージャー
丸山一直さん

日本ペイント・オートモーティブ
コーティングス株式会社
経営企画部　企画リスク統括課
細山田隼人さん

は、ＣｈａｔＧＰＴを使うことで、非コア業務が半分以下になるのではないかと感じています。その空いた時間を使って、コア業務に付加価値を付けたり、あるいはもっとイノベイティブな化学反応が起こって、次の新しいステージへつなげられるのではないかと期待しています。

丸山　もちろん、ＡＩの導入には情報漏洩などのリスクも伴います。内製化するにしても、そうした点は対策が欠かせません。また、使う側にとっても、ハルシネーション（事実に基づかない情報を生成する現象）やランダムに回答が変わってしまうといったことも起こり得るので、ＣｈａｔＧＰＴが出した回答をそのまま鵜呑みにはできません。そうしたリスクを理解するためには、まずＡＩとはどういうものか知ってもらうことが必要で、加えて導入にあたってはリスクの認知を高めることも重要な項目の１つです。

寄り添って教えることでAIリテラシーを高める

細山田　これから全従業員に広めていくわけですが、個々が実際に使うようになるというフェーズが一番難しいと考えています。今ある業務だけでも手一杯なのに、さらに新たなことを覚えなくてはならないからです。

そのためには、各部門、各部署ごとにプロジェクトチームが寄り添い、非コア業務がいかにＣｈａｔＧＰＴで置き換えられるかというのを一緒に考えることが不可欠です。そして一緒にリテラシーを育む。その中で、より専門的な知識の教育が必要となれば外部のリソースを使う。時間はかかると思いますが、ここが正念場ではないでしょうか。

丸山　私も同感です。どのようにアーリーマジョリティまでリーチするか。そこを崩せば、レイトマジョリティも付いてくると思います。より多くの人が使い始めることで、プロジェクトメンバーにはわからなかった気付き、いわゆるインサイトが生まれ、新たなサービスに結び付いていくのではないかと。

ＡＩ技術は進化のスピードが早いので、いかにキャッチアップしていくかが大切だと考えています。いきなり大きな投資をしても失敗しかねないので、まずは従業員全員が今あるＡＩに慣れてリテラシーを持つ。その上で新しい技術が生まれた時に導入していけば相乗効果を発揮して、より企業にとっても従業員にとってもプラスになると思います。

(↓) AI・デジタライゼーション推進のキーファクター

技術	体感	情報
▶ 先行する他社の失敗／成功事例の研究や最新技術の反映	▶ 全従業員がツールを触りながら学ぶ	▶ AIが従業員一人ひとりの思考パートナーとなる
▶ 先行する他社と積極的に情報交換を行い、得た学び・知見を自社へ還元	▶ 学ぶ過程で生じる新たな創造／化学反応に共感し、共有する	▶ 課題に対する洞察力や効果的なアプローチを提供可能
▶ 投資を抑えながら最大の効果を狙う	▶ デジタル活用をベースに全従業員で仕事のやり方を変革する	▶ 基本業務の効率性と品質を同時に向上させる

資料提供・日本ペイント・オートモーティブコーティングス株式会社

各社の現場から

DX FrontLine

2 塗料業界の受発注の効率化を図る「GOOD JOBシステム」の導入

矢澤　汎用塗料事業会社の日本ペイントが取り扱う製品は、取引先である塗料販売店に販売する商流となっており、塗装店や施工店との取り引きは塗料販売店が行います。以前からメーカーと塗料販売店の間には塗料業界で用いられている業界標準ＥＤＩシステムという発注の仕組みがあり、ウェブにも対応していました。しかし、販売店と塗装店・施工店間のやり取りは、ほぼＦＡＸや電話、ＬＩＮＥです。聞き間違いなどの人的なミスが起こりやすく、かつ、受けた注文をその都度データ入力し、メーカーに発注しなければならないという手間がありました。

山岡　そのような商流の中、業界標準ＥＤＩシステムがサポートをやめることになったため、弊社では独自のＥＤＩシステムを構築し、２０２０年1月から運用をスタートさせたのです。そのシステムでは販売店からの要望に応えてモバイル機能を構築し、販売店の業

日本ペイントコーポレートソリューションズ株式会社
IT ＆ソリューション部 情報システムセンター
ビジネスアプリケーション室 室長
山岡崇仁さん

日本ペイント株式会社
営業本部 販売管理室 課長
矢澤純一さん

日本ペイントコーポレートソリューションズ株式会社
IT ＆ソリューション部　ビジネスアプリケーション室
エンタープライズシステムサービスグループ リーダー
岩満暁介さん

務効率の改善に貢献できるようにしました。

矢澤　大変好評を得たのですが、販売店と塗装店・施工店のやりとりは変わらずアナログ受注のままでした。各販売店から、塗装店・施工店との間にもＥＤＩシステムがほしいとご要望をいただいたのですが、各店ごとにシステムを作るのはコストも管理の手間もかかります。そこで、共通のオンライン発注システムとして「ＧＯＯＤ ＪＯＢシステム」をリリースしました。

これを使うことで、販売店はデータで注文を受けられます。また、塗装店・施工店はスマホを使って24時間いつでも、また現場からでも手軽にオーダーできるようになりました。販売店に届いた受注データは、必要に応じて弊社のＥＤＩシステムと連携して発注を行えるため、注文情報が早くいただけることになり、弊社の物流作業の準備も早まるなど、全体最適が生まれてきます。

今回、加えた機能の中で特に好評だったのが、いわゆる「お気に入り機能」です。塗装店・施工店では注文する商品が決まっていることが多いため、現場単位で商品登録ができるようにしました。膨大な商品の中から選び出す手間が省かれ、注文は数量を入れるだけで済みます。また、注文に対する販売店からの納期回答を知らせる通知機能もとても喜ばれています。

最近では、販売店の販売管理システムとの連係機能を実装しました。「ＧＯＯＤ

（↓）GOOD JOBシステムの画面

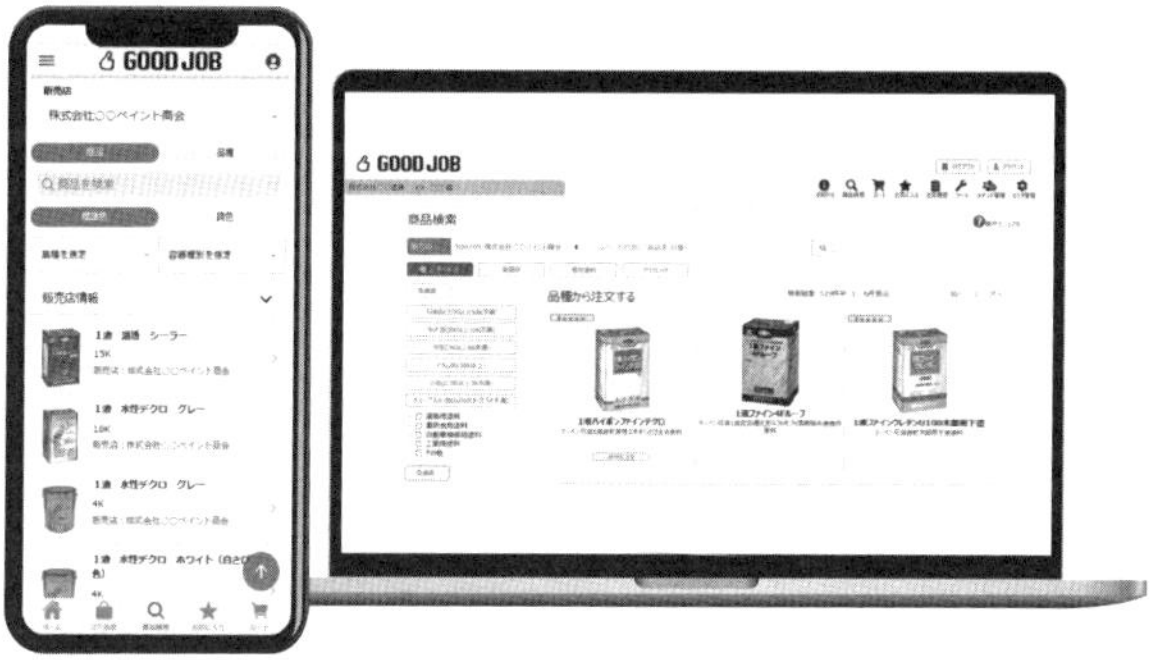

ＪＯＢシステム」から販売店の販売管理システムに受注情報を連係することで、これまで注文情報を販売管理システムに手入力していた運用が不要になり、さらなる業務効率化が可能となりました。

岩満　ベースはベンダーに依頼していますが、ＥＤＩのシステムを作ったメンバーが主体となり、より使いやすいシステムになるよう社内で試行錯誤して完成させました。営業や業務担当者など、現場を理解しているメンバーが多く携わっています。

多くの潜在顧客にも情報提供が可能に

矢澤　「ＧＯＯＤ ＪＯＢシステム」は利便性を重視し、塗料のほか、刷毛《はけ》やローラーなど関連商品も販売店がマスタ登録することで取り扱いが可能となっています。

ご利用いただくユーザーの拡大に重心を置くことで、このシステムによって私たちにも大きなメリットが生まれました。それは商品の認知拡大です。もちろん自社サイトやパンフレットでも紹介していますが、興味を持った人にしか見てもらえません。営業がアプローチするにしても、全ての塗装店・施工店をまわることは到底不可能です。ですが、このシステムを通して、塗装店・施工店へ直接、商品のPRができるようになりました。その結果、コロナや経済状況などの影響により市場全体の塗料需要は変動するものの、「GOOD JOBシステム」がスタートして以降、シェアは伸びています。

山岡　発注という機能においては、ほぼ完成に近いですが、まだ今後も業務運用における利便性など進化させるべく、開発を続けています。

岩満　システムはリリースして終わりではなく、運用していかなければなりません。もっと業界の効率化を進めるために、お客様の声を反映しながら、より良いシステム作りを目指したいと思います。

「DX TODAY」5号（2023年10月発行）にて掲載。内容ならびに役職は取材当時のものです。

【石野さんとの対談を終えて】

石野さんは、「D（デジタル化）→X（トランスフォーメーション）」の順番ではなく、逆の「X→D」がうまくいくと話されました。その根底にあるのは、日本の製造業はグローバルを相手に競争しているのだという深い認識と危機感だと思います。海外駐在で重要な職務を歴任されたご経験による大変説得力のあるお考えです。ちなみに、日本ペイントグループは、シンガポールと日本の共同社長体制を取っていて、グローバル企業のトランスフォーメーションを進めています。

石野さんはERP等を導入しても、結局いろんなカスタマイズが発生して、ビジネスに貢献しなかった例をたくさんご存知で、システム導入が先ではなく、ビジネスモデルを変える、新しく作る、やり方を変える、というように、トランスフォーム（変革）を先に進めました。どのような変革を起こすのかを描き切り、それを実現させるために必要な手段は何だろうと考えたのです。日本人は何をすればいいか教えてもらうまで待つ傾向があるので、まずは尖った人材を集め、その人たちがトランスフォームのアイデアや目標、実践方法を考え、そこを起点に展開する。その結果として、デジタルが必要であればデジタルを使い、そうでなければそうでないことをやる〝攻め〟の手法を取っています。

以前は、まずどのようにトランスフォームするか考え、そこから実行・実現に移っていくビジネスのアプローチが当たり前だったと思います。ところが今、DXという言葉がもてはやされると、どうしてもDが先に来てしまう。どのツールを入れるか、あるいはこのツールがあるからこういう変革をしよう、というアプローチになりがちですが、本来はまずXを先に、Xありきで進めるべきです。

トランスフォームするためにはデジタルが欠かせないという思い込みがあります。ITシステム等を導入して効率化を目指すわけですが、単にWindowsのソフトをインストールして終わりにはなりません。全部IT化しようとすると、各部署の事業内容、商慣行、調達方法等、全てのことにおいて棚卸しが発生します。そうすると、会社全体をもう1回見直すことになります。そのようにITシステムを作っていく中で様々なことが可視化され、最終的には会社全体の最適化につながっていくケースもあります。そういう意味では、これも1つのDXの進め方でしょう。

海外の動向を見極めたＤＸ

海外、特にインド等の勢いのある地域は今、良いと思ったものを積極的に取り入れようとする気迫に溢れています。新しい技術の導入はともすれば失敗することもあるのですが、高度成長期においての判断基準は「減点法」ではなく「加点法」です。失敗は多くとも全体でそれを上回る成功があれば良いというのが、目覚ましい発展の中に身を置く海外の視点です。こういった勢いのある国々と日本の製造業は戦っているのです。

こうした海外企業の経営層の評価は極端な成果主義です。しかもその評価基準は「加点法」ですが、その雰囲気にのまれないことが肝心です。

まず加点法＋成果主義というやり方は虚飾を生む温床となります。つまり、実はそれほどうまくいっていないＤＸ施策に対しても、うまくいっているように見せるバイアスがかかることです。自分のボーナスが直接成果にかかっているので、海外の製造業の人も必死です。最先端の海外事例は、ただ感心して受け身になるのではなく、常に能動的に「何が本物か・本質か」を問いながら聞くことです。

日本には文化的に、外部に発表する事例は本物しか見せない・言えない、という企業風土があります。それと海外の事例を同列に考えてはいけません。もちろん海外の企業もウソは絶対に言いませんが、どこが誇張なのかを見極める必要があります。

一方で、日本の企業文化として危険なのは、海外の事例がたいしたことがないと見えた時に、取るに足らないと切り捨てることです。それは歴史的なプライドから来ているのかもしれません。しかし、派手に見えるけれど、日本の専門家からすると「たいしたことない」ような事例にも、海外ではその後大量の人材や資金が投入され、その結果として、本当に素晴らしい技術に展開していく、つまり本物に化けてしまうことがままあります。ここを日本人は見逃しがちです。

今見えているものが全てではありません。海外の大規模キャンペーンに、日本の製造業の強みを生かしてカウンターを当てられるかどうかを考え、当てられるとしたらその方法をしたたかに練って行動をする必要があります。一方、カウンターが当てられないのであれば海外と同じ土俵（海外勢が作ったルール）で戦うことになりますので、どう突破していくかの具体的な行動を取ることになります。いずれにせよ、何かしらの行動が必須です。

海外勢の行うキャンペーンには、顧客動向を鋭く見抜いているケースが多くあります。

一方の日本は、自社内の競争優位性だけで戦略を立てるケースが多く（いわゆる「相手が駒を動かさないルールの詰将棋」参考文献参照）、顧客動向の変化に対応できない場合があるようです。海外勢のキャンペーンが、どのような顧客動向の変化から打ち出されたものかを分析すれば、見落としている何かが見えてくる可能性があります。同時に、海外勢のキャンペーンは、自社の強みをしたたかに含んだものが極めて多く、それをあたかも顧客動向のように使ってきます。そういった部分は真似してはいけません。

つまり、海外勢のキャンペーンから（おそらく巨額の資金を使って調べ上げたであろう）顧客動向の部分だけは参考にして、一方その会社の優位性を利用している部分については自社の製造業の優位性に置き換え、カウンターを当てるという考え方が必要です。海外を決して無視してはいけないが、ただその土俵に無条件で乗るのは避ける、ということです。

海外の文化や動向を知るには、必ずしも海外赴任が必要ではありません。それよりも、外を見る文化の育成と、海外動向を受け身ではなく攻めの姿勢で見ることが大事です。

●参考文献
「プラスサムゲーム」鹿子木宏明／ディスカヴァー・トゥエンティワン

第 6 章
荏原製作所のDX

chapter 6

DX conversation

株式会社荏原製作所　執行役
CIO（情報通信担当）

小和瀬浩之さん

×

横河デジタル株式会社
代表取締役社長

鹿子木宏明

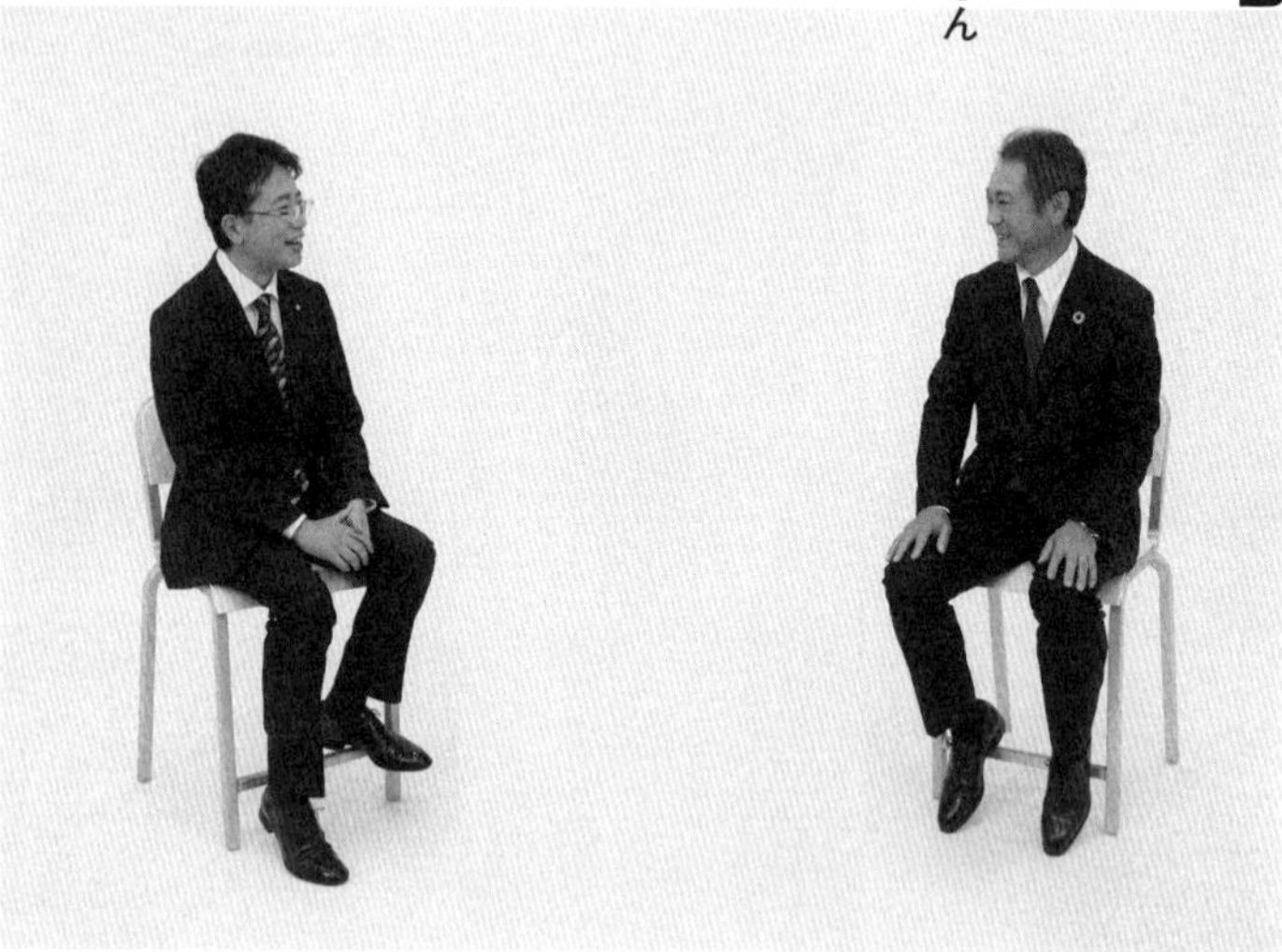

小和瀬浩之さん

Hiroyuki Kowase

1986年4月、花王入社。同社情報システム部門グローバルビジネスシンクロナイゼーション部長を経て、2012年10月同部門統括。2014年1月にLIXIL入社、執行役員 IT 推進本部長。同年4月からCIOを兼務。2015年12月から上席執行役員 CIO 兼情報システム本部長。2018年12月、荏原製作所入社。2019年4月より情報通信統括部長。2020年3月より執行役、2023年1月より現職。「日経クロステックが選ぶ CIO/CDO オブ・ザ・イヤー 2023」の大賞を受賞。

今回のゲストは、株式会社荏原製作所執行役 兼 CIOの小和瀬浩之さん。花王株式会社、株式会社LIXILでCIOを務めるなど、長年ITに携わられているご経験から、DXの実状などのお話を伺いました。

鹿子木　大学卒業後からずっとIT関連に携わられているとのことですが、大学での専門も、やはりIT関連だったのでしょうか。

小和瀬　早稲田大学の理工学部工業経営学科で学びました。プログラミングももちろん学ぶのですが、理系の中でも文系と言いますか、経営に近い学科でした。本当は営業をやりたかったのですが、理系の学部出身だったのでシステム開発部に配属されたのだと思います。当時はジェネラリスト育成のために様々な部門を経験する時代でした。これからコンピューターの時代になることはわかっていたので、3年くらい勉強してもいいかなくらいの気持ちでしたが、これが一生の仕事になってしまったというわけです。

鹿子木　ITではどういったところを手掛けられたのですか。

小和瀬　花王は製造業でありながら独自の販売網を構築し、20代の頃にその流通系を担当しました。ある日、日本全国にある約100か所の物流や販売の拠点で使われていたオフィスコンピューター（オフコン）を、ＩＢＭのメインフレームに刷新するプロジェクトをアサインされました。北は北海道から南は九州まで、新しいシステムを各拠点で２〜３週間ずつかけて順次展開していきました。その後は海外です。アジアの担当として、一度出張に出ると３〜４か国を回るため２か月くらいは日本に帰って来られませんでした。ですから、ほとんど本社で働いた経験がありません（笑）。

鹿子木　離れた場所で、単にシステムだけを作っていたというわけではないのですね。

小和瀬　はい、常に現場を回っていました。物流や販売の拠点では、自ら受注入力をしたり、ピッキング処理をしました。伝票発行といった業務も現地の方と一緒に行いました。自分たちが作ったＩＴシステムを実作業の中で確認するためです。

鹿子木　システムを導入したら、後は事業部に任せてしまうというＩＴ部門の話をよく耳にしますが、そうすると結局、現場では使えない、使わないとなってしまうケースが多いようですね。

小和瀬　長年ＩＴを担当して思うのは、結果を出すためにはシステムを提供するだけではなく、まずは作った人自身が使いこなせなければならないということです。「何かあったら連絡ください」と言って現場を見ないのは最悪のパターンですね。現場に出向いて業務側と一緒に稼働を見守り確認し、導入効果を出すところまでやるのがＩＴ担当の仕事だと私は思っています。現場の作業担当者と一緒に新しいシステムを実際に使いながら「この仕組みは使いにくいね」などの感想を聞き、改善を加えていった。その経験が、今の私のベースになっていると思います。

グローバル経営に欠かせない業務の標準化

小和瀬　日本の製造業はグローバル経営が大きく出遅れています。すでにグローバル経営で実績を上げている欧米の会社は、実は１９９０年頃からグローバル経営を考えていました。しかし当時は技術がなく、断念せざるを得なかった。例えば通信のための専用線をグローバルで敷設すると莫大な費用がかかります。容量も少なく脆弱で、データ交換などが簡単にできない。ところがＩＴが進化してインターネットが出現したことで安価で大容量のデータを交換できるようになった。加えてコンピューターの処理能力が劇的に進化し、テクノロジー的にもグローバル経営ができる環境が整いました。ＥＲＰシステムを使って

”DX推進は単なる導入プロジェクトではないと？“

――鹿子木

基幹系と言われる業務が一元的に管理できる時代になったのです。欧米系の会社はいち早く1990年半ばくらいから世界中のデータを標準化し、マネジメントサイクルを早めていったのです。

その頃、私は花王で海外を担当し、独自の仕組みを作って海外に展開していました。いわゆるITの差別化です。ですが、現場がそれに慣れるのに半年から1年かかってしまう。しかも、海外では人の入れ替わりが激しく、やっと操作に慣れてきたと思ったら辞めてしまうの繰り返しでした。ですから、独自のシステムからSAPへの切り換えを断行し、業務の標準化を徹底的に図りました。もちろんIT部隊だけでなく、関連する業務部門も巻き込んでです。日本も含めたアジア一体運営を進めた結果、業績が芳しくなかった販売会社や製造会社も全て黒字化し、良い結果を残すことができました。

鹿子木　欧米の企業はグローバル化を目論んでいたが、それを可能にするテクノロジーがなかった。ようやく技術が追い付き、加速したというのは興味深いですね。

小和瀬　荏原製作所はこうした欧米企業同様、インターナショナル経営からグローバル経営にシフトするためにＳＡＰの導入を進めています。精密・電子カンパニーはサプライヤーや競合もすでにグローバル対応しているため、各国の業務を標準化する必要があるからです。今後、日本のマーケットは縮小していきますから、グローバルに出て稼いでいかないといけない。それなのに、我々にとっては手に取りやすい、いわゆる経営データを均一に、タイムリーに入手できなくて、本当に世界で戦えるのでしょうか？

”経営や事業戦略そのもので、その認識が問われています“
――小和瀬

ＤＸの推進は経営改革のためのプロジェクト

小和瀬　ＤＸを成功させたい場合、経営陣が本気かどうかにかかっていると思います。弊社ではＳＡＰ導入プロジェクトを進めるに当たり、毎月1回ステアリングコミッティを開いていますが、社長の浅見以下、事業部長、役員、それに関連するコーポレート（管理部門）の面々が参加します。

鹿子木　社長自らＤＸのプロジェクトにコミットすると？

小和瀬　単なるＳＡＰ導入のプロジェクトではないからです。これは荏原製作所の経営改革のためのプロジェクトで、浅見はそのオーナーとしてコミットしています。

鹿子木　社長の姿勢を見れば、どれだけ重要なプロジェクトであるかが社員全員に伝わりますね。

小和瀬　ＤＸを進めるというのは、なぜそれが必要なのか。手段と目的をはき違えてはいけません。強いて言うと、ＤＸは経営と事業部門とＩＴ部門が三位一体で全社挙げて取り組まなければ、うまくいかないと思います。

弊社ではDXを、主にお客様に対して行う〝攻めのDX〟、内部改革の〝守りのDX〟と分けています。先ほど申し上げたシステム導入は〝守りのDX〟になります。

〝攻めのDX〟の大きな取り組みの1つが環境事業です。廃棄物の燃焼効率を一定にするために人が行っていた撹拌作業をAIにさせています。画像処理技術とディープラーニングの技術を使うことで、人件費を大幅に抑えることができました。

個別受注生産を行うエネルギーカンパニーでは、過去に製造した製品の設計データを改良し、別の製品を設計する流用設計という手法を用いていました。しかしこの方法では知見が属人化し、かつイチから作るのでリードタイムが長くなります。そこで3D CADを用いたパラメトリック設計により、これらの問題点を解消しました。これは完全に事業部による取り組みです。

鹿子木　IT部門ではなく、事業部によるDXが推進されているのは素晴らしいですね。では、日本の製造業がDXを導入するにあたって必要なことは何だとお考えですか。

小和瀬　まず、なぜDXを推進しなければならないのか。例えば、経営戦略、事業戦略、SDGs、CO2削減など、目的を明確にし、しかるべき形をきっちり作っていくことだと思います。そして経営陣も率先してその取り組みに参加すること。ＩＴ担当に丸投げしないことです。

鹿子木　加えて、御社のように経営陣と事業部門、ＩＴ部門が三位一体となるのが理想ですね。貴重なお話をありがとうございました。

各社の現場から

DX FrontLine

設計ＤＸの取り組み。開発者が語る荏原グループの３Ｄパラメトリック自動設計とＰＬＭ運用

弊社は遠心コンプレッサ、軸流コンプレッサ、蒸気タービンを中核に、動力回収ガスエキスパンダ、ブロワなどの多種多様な回転機器を製造販売し、それらはオイル＆ガス、石

株式会社　荏原エリオット
ビジネスプロセスコントロール部 部長
柏井正裕さん

油精製、石油化学、製鉄所、発電所、植物油処理プラント、ごみ処理施設などで使われています。

業態はＥＴＯ（Engineer to Order）と呼ばれる個別受注設計生産で、お客様のご要望に応じて設計、部品調達、生産までを一気通貫で行います。

いずれも重厚な機器でして、従って生産台数は多いわけではなく、イメージとしては造船業に近いですね。製品リードタイムも通常は1年以上と、注文をいただいてから納入まで長い期間を要します。また、受注してから設計を始めるため、設計がサプライチェーンにしっかりと組み込まれているのもＥＴＯの大きな特徴です。業界として、お客様に約束した製品納期は絶対厳守が基本です。ご迷惑をおかけすることのないように日々、生産活動を行っております。

このような環境の中での製品競争力はQCD（クオリティとコストとデリバリー）に集約されますから、デリバリー、つまりリードタイムを短縮することが重要です。それには何より設計のスピードと、その精度の向上が欠かせません。

正確な設計成果物がQCDを強化する

従来のターボ機械の設計は、いわゆる過去案件をベースにした流用編集設計が一般的でした。流用編集設計とは、お客様のご要望に近い過去案件を探し出し、設計計算後、当該製品の図面の違うところだけを変えるというもので、それらを全て手作業で行います。手作業ですからもちろん間違えることもありますが、問題点の1つが、どの図面を流用元として選択するかが設計者に委ねられることです。

例えば新入社員がどの図面を流用していいか判断に迷うケースです。あるベテラン社員が、「それはXXXの時の案件を流用すればいいだろう」と言い、別の社員が、「いやいや、YYYを参考にした方がいい」と。そんなふうに、参考にする図面が人によって違ってくるのです。いわゆる属人化ですが、こうした暗黙知を形式知に置き換えることはとても難しいものです。

もう1つの問題点は、流用した図面にエラーが絶対にないとは、言い切れないということです。

例えば加工作業の途中で現場から設計部門に、「図面通りに組めないいんだけど」と電話がかかってくる。すると、「ちょっとこれをこうして」などと口頭で修正しますが、肝心の図面を修正することを時として失念してしまうことがあります。加えて、VA／VE（Value Analysis / Value Engineering）により設計変更が決まっても、以前の案件の図面にはその内容が反映されていません。流用編集設計では、図面は樹形図のように拡散していきますから、細かな修正点を遡った図面全てに盛り込むのは難しいのです。

こうして不適切な図面がそのまま製造の現場に渡ると当然不具合が発生し、生産がストップするばかりか、時には後戻りまでしてしまう。それが製品リードタイムを大きく損ないます。要するに、正確な図面を用いて生産工程を滞りなく通過させることが、競争的優位をもたらすのです。

納期遅れの回避に設計の自動化を思い立つ

このようにETO業態においては、お客様のご要望に応じた製品を製造する関係上、どうしても設計に手間がかかり、納期に遅れが生じるリスクを完全に避けることができません。それならば、この設計をもっとスムーズに進めることはできないだろうか？

コンプレッサやブロワなどの回転機械は流体機械と言われます。流体機械には相似則が存在しているので、フィーチャーパラメトリック系3D CADと、お客様の基本設計

（↓）荏原エリオットの製品のビジネスフロー

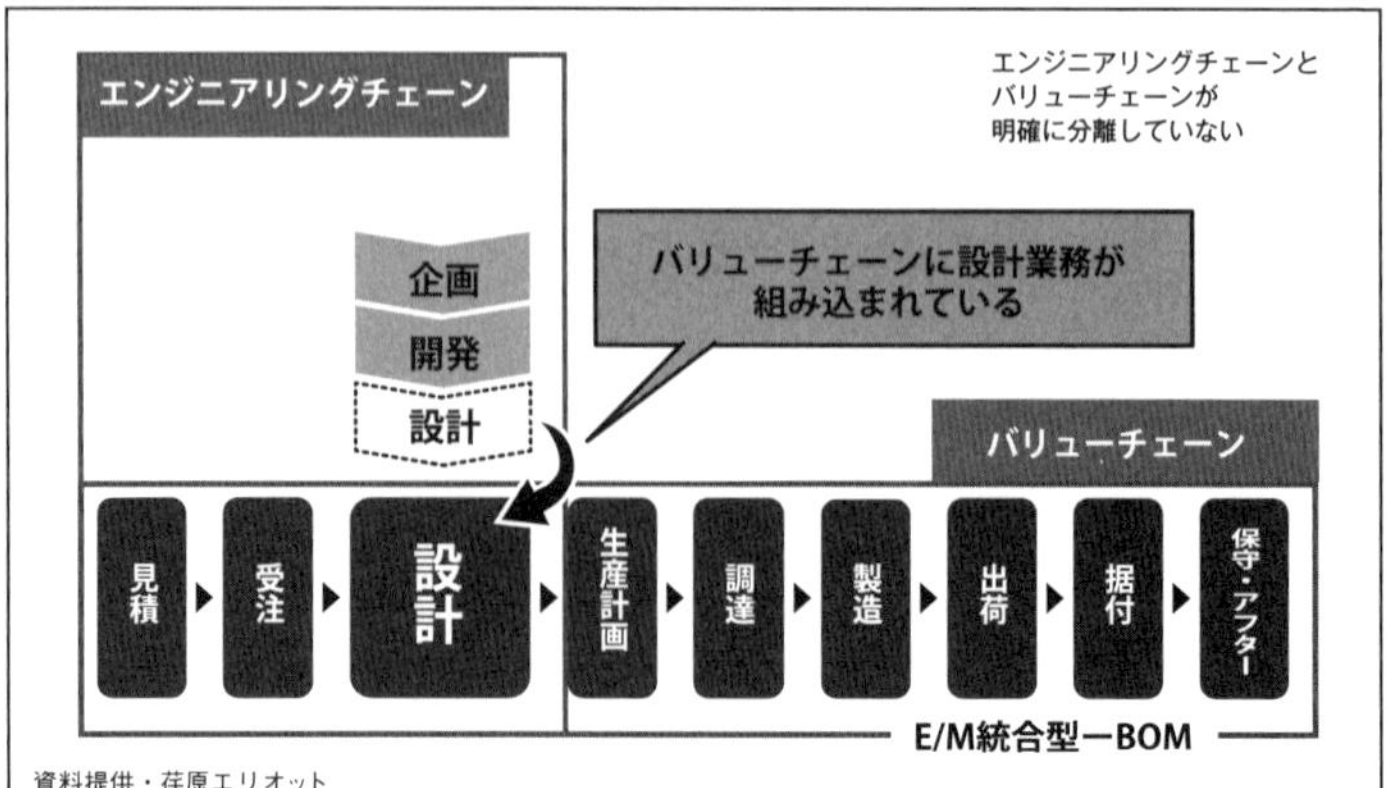

資料提供・荏原エリオット

プログラムを組み合わせると、設計を全て自動化することが可能であると考えたのです。
そしてもう1つがBOM（Bill Of Materials）の自動生成で、これにも取り組みました。基本設計プログラムから吐き出される基本設計仕様をもとにBOMを作成してPLM（Product Lifecycle Management）で管理し、最終的にはERPに投入し生産活動を行う。この一連の流れが設計におけるDXの1つの姿だと思います。

こうした自動設計の概念は実は昔から存在していましたが、今回初めて実現に成功しました。日本の製造業、とりわけETO業態においては有意なシステムだと思います。自動設計された図面のチェックも限定的でエラーは劇的に減り、こうして設計の時間が従来の70％程度削減されました。自動販売機のように、ボタンを押したら必ずしも自動で出てくるわけではありませんが、手作業の部分は劇的に減りました。

ゼロからのスタートが6年かかって完成形に

構想してから形にするまで3年ぐらい、最終的な完成形にするのに6年かかりました。

(↓) グランドデザイン

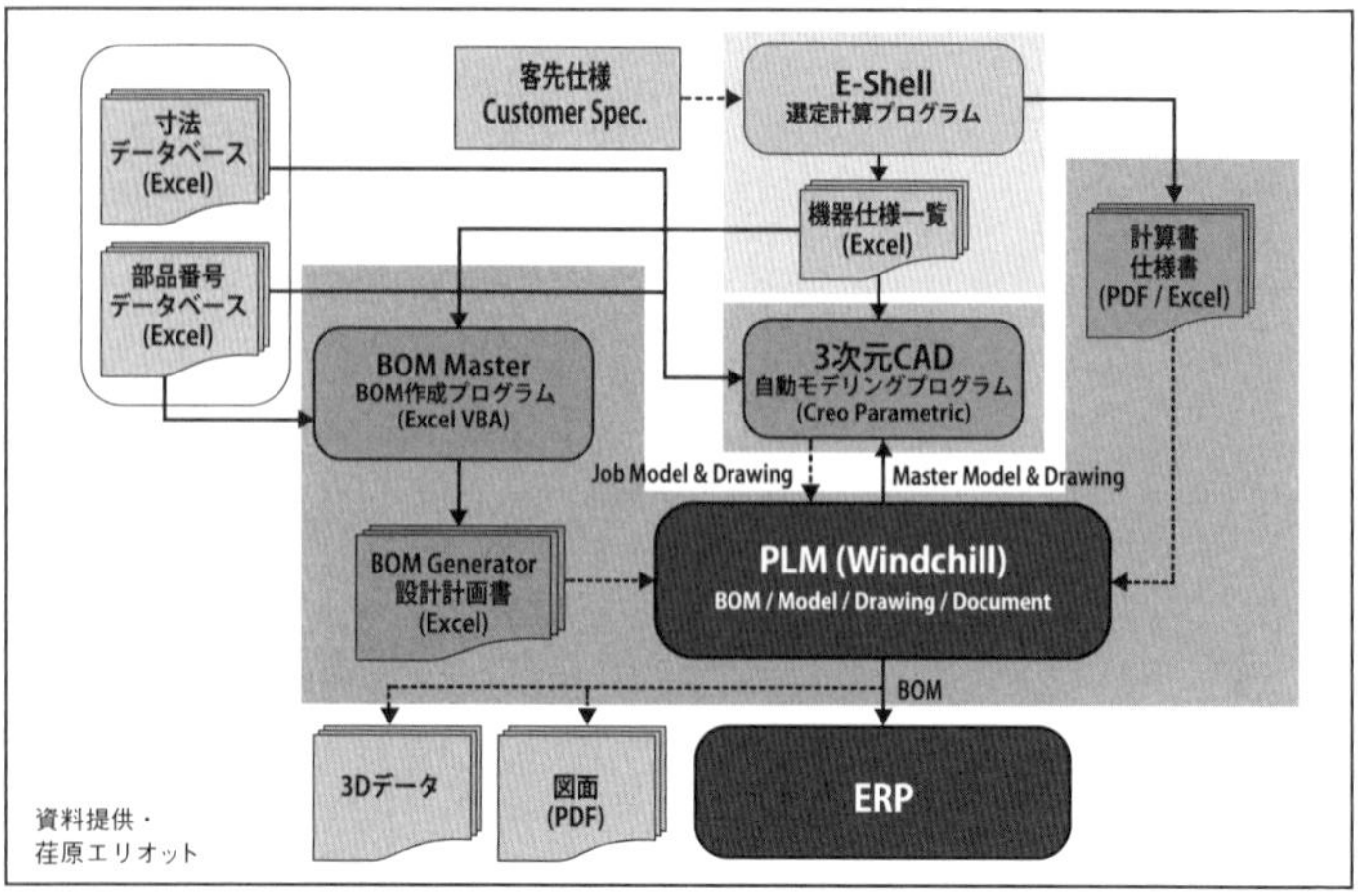

資料提供・
荏原エリオット

当初はなかなか理解を得られず、開発は自主的に行いましたが、最終的にはみんなの協力のもと、素晴らしい成果となったと思います。開発にあたってはそれぞれの得意領域を見極め、活躍の場を作ることができました。この協力を得られるところまで持っていくのが大変でしたね。

　私は、他責にせずにやってみせることが必要だと思います。環境がどうだとか、協力が得られないとか、考えたらダメです。どうやって周囲を巻き込むか。自分は何をしたいのか。自分自身の軸をブレさせることなく、継続するということは非常に大事なことではないでしょうか。

「DX TODAY」6号（2024年1月発行）にて掲載。内容ならびに役職は取材当時のものです。

【小和瀬さんとの対談を終えて】

「ＤＸ推進は単なるＩＴ導入ではなく、経営や事業戦略そのものをどう考えていくかという問いなのです」。小和瀬さんはこのように対談で話されました。

ＤＸ推進はＩＴなどを取り入れてデジタル化を進め、業務の効率化を図ることに目が向きがちですが、実は経営改革であり、経営戦略・事業戦略・ＳＤＧｓ・ＣＯ２削減等の目標を明確化し、経営陣も率先して取り組むのが重要で、それがなされない限りトランスフォームは達成しない、と小和瀬さんは断じます。

それは経営陣を巻き込んだ大規模な活動です。それだけに効果も目覚ましく、小和瀬さんが以前にＤＸを手掛けた、業績が芳しくなかった販売会社や製造会社は全て黒字化され、また荏原製作所においても各事業部が独自でリードタイムの問題を解消するＤＸを推進するなど、具体的な成果を出されています。

荏原製作所では、会社の経営や事業をどのようにするか、高い視点で経営メンバーが話し合い、社長がリードする形を取っているそうです。例えば、ＩＴツールの導入となると、経営陣がＩＴ部門に丸投げになりがちですが、そこを社長が中心となり、毎月1回ステアリングコミッティを開くなど、経営、事業戦略そのものという姿勢で進めているので強力です。当然、そうした社長の姿勢を見ることで社員はプロジェクトの重要性を認識し、各々の意識も高まります。それに加えて製造現場におけるＤＸを、ＩＴ部門ではなく事業部が推進していることも特徴的でした。

単なるＩＴツールの導入に終わらない状況を作り出し、強い意志を持って会社全体の改革を進める。つまり、ＤＸと言いながらも、経営や事業を考える良い機会だと捉え、それを高いレベルに昇華させて進めていく方法です。

むしろどちらかと言うと、ＤＸというよりも、さらにその先の経営、事業戦略を考えるのが目的で、ＤＸはその工程で必然的に出てくる副産物であるということです。ＤＸを進めるに当たっては、非常に印象深い方法だと思います。

コラム

経営戦略としてのＤＸ

横河グループの経営陣を巻き込んだＤＸの取り組みをご紹介します。

横河グループでは、ＴＦ２０２０、ＡＧ２０２３と呼ばれる中期経営計画（それぞれ２０１８年度‐２０２０年度、２０２１年度‐２０２３年度）に沿い、自社向けのＤＸ（Internal DX）と顧客向けのＤＸ（External DX）の両面でのアプローチを行ってきました。これは横河グループの業態に深く関係しているもので、横河グループは製造業のお客様にセンサーやシステム・コンサルテーションを提供する「ソリューション」提供の会社である一方で、横河自らもデバイス等を製造する「製造業」である特性を生かしたものです。つまり、自社向けのＤＸであっても、それは本質的にお客様に必要なＤＸでもあるはずだ、という考え方が戦略の根底にあります。

自社向けのＤＸとしてはＩＴ部門の役割を拡張しました。もともとは情報システム本部の位置づけだった部署を「デジタル戦略本部」と改め、その組織ミッションを、自社内のＤＸを加速しながらお客様にも提供できる形に作るという、自社内の最適化とビジネスをつなげる組織と定義したのです。

まずデータドリブン経営を実現するために、重要会議での報告は全てＢＩツールであるTableauのダッシュボードを採用しました。続いてカスタマーエクスペリエンス（ＣＸ）の向上のために、国内外のグループ全体で整合性の取れたマーケティング及び営業活動を支援するシステムを導入。そして顧客とのデジタルコミュニケーションを統合し、スピーディで効率的な見積もりを可能にするシステムの導入を進めました。

また、マニュファクチャリングチェーンにおいては、OT Data Lakeという製造系のデータをクラウドに集積するシステムを構築。工程の進捗やエネルギー消費などの工場オペレーションを可視化したのですが、これによって無駄が顕在化し、リードタイム改善などの生産性向上を実現しました。同時に、昨今のカーボンニュートラルの動向を経営問題として対応するために、カーボンフットプリントを計算してレポートするシステムの導入を自社工場内で進めています。

働き方改革が新型コロナウイルス感染症によって急速に進み、その結果、グローバルなワークスタイル環境の整備は、テレワークやリモート環境をベースとした働き方を促進する上で重要な経営課題となりました。例えば、各人が家で働く時に使用するＰＣのガバナンスです。セキュリティ面に加えて、ＯＳやアプリケーションのアップデートなどを自宅でできるような仕組みの整備が急務となり、横河グループでは、横河レンタ・リース株式会社と共同で構築した新しいＰＣ運用、〝Cotoka for PC〟を利用しています。

製造業においてもサイバーセキュリティの脅威は現実のものになっており、横河ではインドのグループ会社内にOpreX IT/OT Security Operations Center（ＳＯＣ）と呼ばれるサイバーセキュリティの監視センターを構築しました。ＳＯＣでは、24時間体制で、世界に広がる全社のセキュリティ監視を一手に引き受けています。

新たなミッションを定義したデジタル戦略本部を中心に、上記で述べたようなＤＸ施策、つまりデータドリブン経営、工場オペレーションの可視化、働き方改革、サイバーセキュリティへの対策などを、経営戦略として実現化してきました。こういった大胆でスピーディな施策は、経営陣のリーダーシップが非常に重要です。ＤＸの推進は経営改革のためのプロジェクトと言えるでしょう。

一方、これらの自社内のＤＸを、製造業のお客様に提供する試みも進んでおり、これは「Internal DX から External DX へ」と表現しています。

代表的な例としては、本社と工場の両方のセキュリティを監視するOpreX IT/OT SOCがあります。実際に横河内で培った、製造業向けのセキュリティポリシー策定から始まり、工場の運営を外部の脅威から守る専門チームであるＦＳＩＲＴ（Factory Security Incident Response Team）の構築、統合的なセキュリティ監視サービス等をお客様に提供するソリューションです。前述したように監視センターはインドに設置してあり、日々アップデートが必要なセキュリティへの脅威に対応するチームがいます。

また、カーボンフットプリントの監視に関しても、自社内で使っているOpreX Carbon Footprint Tracerを、お客様の工場・プラントへのサービス提供を開始しています。

このように、自社内のＤＸを広範囲に進めながら、その本質的価値をお客様に提供する経営戦略が横河グループの特長です。地に足の着いたＤＸ戦略・サービスを日本の製造業のお客様に提供していくことが横河グループの使命だと考えています。

●参考文献
「IT/OT セキュリティオペレーションセンター」 横河デジタル
https://www.yokogawa.com/jp-ydj/solutions/ydj-details/oprex-itot-soc/
「IT/OT 統合環境におけるセキュリティへの取り組み」２０２１年横河技報 [Vol.64 No.1] 横河電機
https://www.yokogawa.co.jp/about/yokogawa/rd/rd_te_report/tr-2020-2029-jp/rd_tr_report_a06401/
「OpreX Carbon Footprint Tracer」 横河デジタル
https://www.yokogawa.com/jp-ydj/solutions/ydj-details/oprex-carbon-footprint-tracer/

第7章
トクヤマのDX

chapter 7

DX conversation

株式会社トクヤマ　執行役員
デジタル統括本部長 兼 DX 推進グループリーダー

坂 健司さん

×

横河デジタル株式会社
代表取締役社長

鹿子木宏明

坂 健司さん

Kenji Saka

1992年日本製鉄(当時、住友金属工業)に入社。製造技術者としてキャリアを重ね、British Columbia 大学での客員研究員、製鋼工場長等を歴任後、2010年インドに駐在。現地法人の取締役として事業を展開する中、デジタル変革の潮流に触れる。2014年MBA取得。2015年に帰国後は同社経営企画部上席主幹として海外事業、IT 戦略等を推進。2020年DX責任者としてトクヤマに入社し、全社DXプロジェクトを企画推進中。2023年より現職。

全員参加型のＤＸを推進し、短期間でその成果を着実に挙げている株式会社トクヤマ。その指揮を執る執行役員　デジタル統括本部長　兼　ＤＸ推進グループリーダーの坂　健司さんにお話を伺いました。

鹿子木　３年前にトクヤマに入社されて以来、ＤＸを進められているとのことですが、前職ではどのようなことをされていたのですか？

坂　大学院卒業後、大手製造業で28年間勤め、主に３つのカテゴリーでキャリアを積みました。まず、製造現場での技術者です。２つ目がインドでの駐在。そこでは様々な事業戦略や提携戦略等を経験しました。そして３つ目が企画部門です。

鹿子木　インド駐在ですか。日本とはかなり環境が違うのでしょうね。

坂　私はニューデリーに２０１０年から5年半駐在しました。赴任する前は、インドの製造業は日本に比べて大きく遅れていると思っていたのです。ところが実際は、先進的な企業は私の想像をはるかに超えてデジタル化が進んでいました。それを目の当たりにし、日本でもデジタル化や先進ＩＴの導入にもっと積極的に取り組まなければならないと。これが駐在時での一番大きな気付きでした。

鹿子木　当時、日本の製造業もかなりいい線をいっていたと思いますが、それよりもさらに高度だったということですか？

坂　はい。当時私が所属していたのは、長い歴史を持つ会社でした。私もインドに赴任する直前まで工場長をしていたものですから、日本のものづくりに思い入れがありました。鍛え上げられたオペレーターが気の利いた職人技で他国では真似できないものを作り出す。ですから日本のものづくりは盤石だと、そう思っていたのです。

確かに人のスキルに関しては日本のほうが圧倒的に優れているのですが、インドの先進企業ではＩＴ化が日本より進んでいたのです。つまり、人がいなくても様々なことができる。このままでは日本のものづくりは、ＩＴ、今で言うＤＸによって逆転されると危機感を持ちました。

鹿子木　インドでの経験が大きな転機になり、それをきっかけに、日本でＤＸに力を入れるようになったと。

坂　そうですね。製造業としてデジタル化やＤＸ化を進めなければならないと、前職で力を入れ始めました。その後、縁があってトクヤマでＤＸを全社で進めるというポジションと巡り合いました。

鹿子木　トクヤマでは、すぐに様々なDXの実践が可能だと見出されたのですか？

坂　DXの必要性は十分にあったのですが、それを実行するのはかなり難しいと感じました。弊社に限らず、高度成長期に発展した日本の製造業に言えることですが、設備が古く、慣習的にも保守的な風土が残っているからです。それらをデジタルによって一気に変えるのは一筋縄ではいきません。一方、新興国のインドなどの真新しい企業は何もないところに最先端の設備を導入するわけですから、IT化、デジタル化するのは容易です。日本の製造業は、これからそうした企業と勝負をしなければなりません。これまで人のスキル、匠の技で勝負していたものが、そもそもの土俵が変わってしまったわけです。

弊社は巨大企業ではないので資金や人的リソースも多くなく、デジタルレベルも日本平均から相当劣後していたため、まさにビハインドからのスタートでした。

DXで何をしたいのか全部署にヒアリング

鹿子木　そのような厳しい状況の中で、どのようにDX化を進めていかれたのですか。

ビハインドからのスタートでＤＸが全社に行き渡った秘訣は？

——鹿子木

坂　何か1つシステムを入れれば解決するというものではありません。ですから、まずＤＸ化のための一定の仕組み作りが必要だと考え、８つの柱を立てて順番に取り組むことにしました。その最初のステップが、ＤＸの基本方針を定めることです。

ＤＸは幅広い概念で、人によっても会社によってもその捉え方は異なります。そこで変革をゴールに置きつつも、まずは何を目指すかという土台を作ることから始めました。全社員に自分事として取り組んでもらうため、全ての拠点や部門はもちろん、経営層、労働組合、グループ会社を回り、２５０名以上にＤＸで何をするべきか、どういうことをしたいかを徹底的にヒアリングしました。それを取りまとめて1つにしたのが基本方針です。その時に多く集まったのが「ＤＸどころじゃない」、「データとデジタルを使いこなすのがDXなのに、そもそもデータがどこにあるかわからない」という声でした。

鹿子木　現場からの声を吸い上げると辛辣な意見が出ますね。

坂　そうですが、そうした意見が土台となり、トクヤマの社員の総意としてDXの基本方針を定めたことがその後の大きな推進力になりました。弊社ではDXを「Tokuyama DX」、通称TDXと呼び、全社プロジェクトとして進めています。その中に全部で25のサブプロジェクトがあり、優先順位をつけて進めているのですが、一丁目一番地の施策として、「ペーパーレス推進プロジェクト」を掲げています。「ペーパーレスがDXなのか」というご意見があるかもしれませんが、弊社ではこれを重要視しています。紙や電話、FAX、Excelのバケツリレーなど、そういったものが至る

”現場の声を聞き、基本方針に盛り込むことです

――坂“

ところに膨大にあり、これらがデータのない原因を生み出すからです。これを最重要プロジェクトの1つに認定し、継続的に取り組んでいます。

鹿子木　わかりやすい施策ですし、データがたまることによって将来、それが生きてくるでしょうね。

坂　この取り組みは地味で地道で苦労も多い作業です。全ての分野に関係するので、業務フローも変えなければなりません。スポーツで言うと筋トレのようなものでしょうか。

全員がＤＸに参加するための仕組み作りを構築

鹿子木　ところで、ＤＸ推進のための組織作りはどのようにされているのですか？

坂　「ＤＸ推進グループ」という部格があり、本部格の「デジタル統括本部」に属しています。これら組織が様々な部署と連携し、ＤＸを進めているのですが、これだけでは全社的なＴＤＸには至りません。そこでまずは各部署に1名ずつＤＸキーパーソンをアサインし、ＤＸの連絡・推進役になってもらうという仕組みにしました。我々が何かを発信したい場合、このキーパーソンに連絡すれば隅々まで情報が行き渡ります。このメンバーはＩＴに強く、かつ管理職であればそれに越したことはありませんが、そういう人材が揃っている部署ばかりではありません。ＩＴに詳しくない一般社員も多数います。

そのような周知・啓発活動を行いながらＴＤＸの体制を整えていきました。３年前はほとんどいなかったメンバーが今では３００人を超えました。通常の業務をこなしながらなので大変ではありますが、会社としてＤＸが必要で、何としてでもやり遂げなければならないことをトップダウンとボトムアップの両方から説明していきます。命令するだけでは人は動きませんから、なぜ必要なのか、それをやると何がいいのかなど実務レベルで伝え、納得して参加してもらうことを基本としています。

鹿子木　坂さんが入社された2年後の２０２２年に、御社は「ＤＸ認定事業者」として初認定され、２０２４年も継続的な取り組みが評価され、認定が更新されましたね。

坂　私がトクヤマに入社した２０２０年の段階でも様々な蓄積があり、それをうまくつなぎ合わせられた結果、このような認定を受けることができたのだと思います。特にＤＸは経営と離れて進めるようなことがあってはならないことから、ＤＸはいろいろな歯車を回して「中期経営計画２０２５」を達成していくための1つ目のギアだという定義をしたこ

1 デジタルツインと経営シミュレーションのダブルで取り組む徳山製造所

とも評価を受けたポイントだと思います。

とは言え、まだまだ弊社は過渡期で、ゴールは先のその先にあります。全社プロジェクトとしてここまで持って来ることができましたが、これで息切れしないよう引き続き、頑張らなければなりません。

鹿子木　歴史のある製造業はデジタル化、DX化を進めていこうとすると、お話にあったように、古い慣習や設備がハンデになってしまうこともあるでしょう。ですが、その中で待ったなしで進めていかなければならないのが日本の製造業の状況であると思います。本日の成功例は非常に参考になるお話でした。ありがとうございました。

生産技術センター 兼 DX 推進グループ 主席
立川敬史さん

生産技術センター
兼 IT ソリューショングループ 主任
今井俊輔さん

生産技術センター 主任
山下義晶さん

立川　弊社は化学品やセメントをはじめ、電子材料からライフサイエンスに至る様々な事業を展開しています。私たちが所属する生産技術センターは、これらの研究開発から事業化までを化学工学の専門家として技術検討するのが主な業務です。

山下　流体を扱うことが多いですね。分離や特定の成分を抽出するといったプラント操作になるのですが、これまでは１９９０年代に導入したプロセスシミュレーターを使ってプラントの挙動評価を行っていました。

２０１７年にあるフォーラムに参加し、デジタルツインがシミュレーターで作れると耳にしました。しかも他社ではすでに取り組みが始まっていると知り、危機感を持ったのが導入に至ったきっかけです。

立川　当時の弊社では、設計用途としての使い方がメインであり、検討の対象は主要機器とその関連機器くらい。プラント全体での検討は行っていませんでした。生産性を向上し、利益を増やそうとするとプラント全体の効率化が必須であることは言うまでもないことです。

山下　早速翌年から、プロセスシミュレーターでデジタルツインを作り始めたのですが、まず必要な情報を収集しなければなりません。その情報はと言うと、部署ごとに保存方法が異なり、電子化されていないものが多数あるばかりでなく、中には文書化されていないノウハウや属人化されている情報があって、個人から直接聞き取るなど、情報集めに膨大なエネルギーが必要でした。

しかもそれらに加え、当初から使っているプロセスシミュレーターではデジタルツインを構築する上での機能が十分でないことがわかり、3年かけて新しいものに全て移行しました。ファイルの置き換えはもちろん、ユーザーも新たに使い方を習得しなければなりませんでした。

立川　この作業は大変でしたが、社内に培われてきた情報を集約し、シミュレーター上で再現できるようになることで、得られたノウハウを新規事業の検討に活用するなど、大きな意義があったと思います。

山下　デジタルツインを活用することで、運転支援や設計面でのボトルネック解消に向けた検討が可能になりました。

　また、実績のない運転条件の場合は、外挿性を担保するため実機を忠実に再現する必要があり、プラント運転データを使って精度を上げる取り組みも行っています。デジタルツインは物理理論に基づいたモデルで構築されるので、経験知を理屈で示すことができるようになり、若手エンジニアの教育にも役立ちます。

立川　安全と品質の面でもメリットがありま

（↓）企業価値を最大にしながら、プラントの最適化を図る

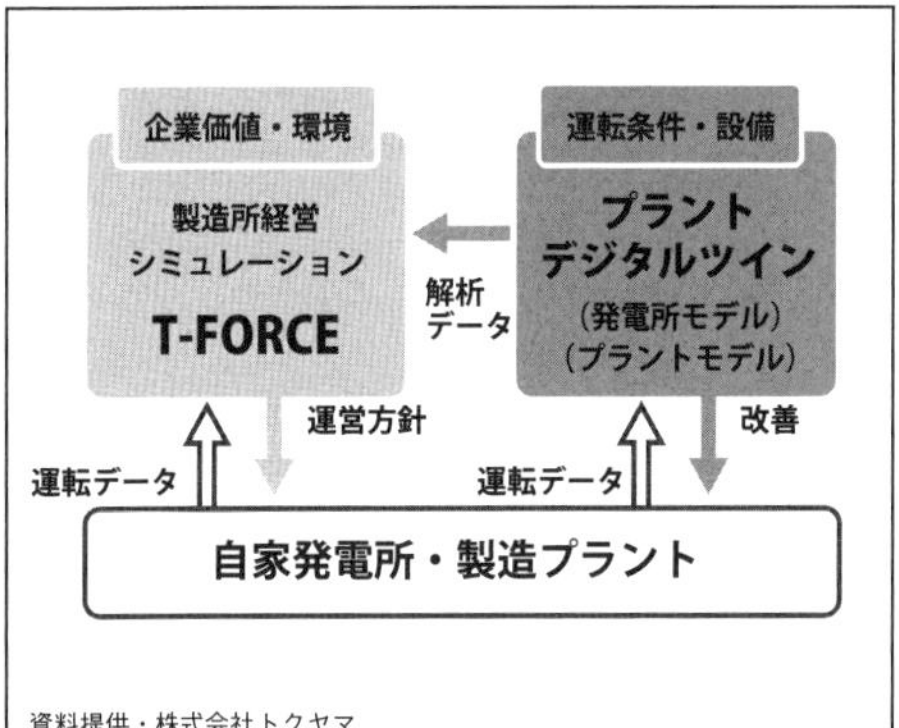

資料提供・株式会社トクヤマ

すね。実際のプラントでは大きく条件を変えて運転すると、事故や不良品の発生につながる懸念があります。ですが、デジタルツインを使えば、コンピューター上のプラントであらゆる検証を重ね、確認してから実機への導入が可能です。

経営シミュレーションを同時に行い、全体を最適化

今井　このデジタルツインでの効率化に加え、経営視点で徳山製造所全体を効率的に運用できるよう、弊社で取り組んでいるTDX（＝Tokuyama DX）の一環として、経営シミュレーションモデル「T-FORCE」を新たに構築しました。企業価値の向上や環境に対応したベストな運営方針を提案するツールです。

立川　徳山製造所では、各製造ラインが高度に統合されています。そこで、エネルギーや原料、廃棄物循環などのバランスを取りながら、CO2排出量やICPなどの条件を考慮した様々なパターンを予測計算することができるようにしました。

今井　この「T-FORCE」は着手から検証まで含めて約半年で完成させました。デジ

タルツインもそうですが、現場での操作画面の使いやすさにこだわって作り、誰もが使い慣れたＥｘｃｅｌと同じような使い勝手にしています。

立川　発電所やシリコン、電解などの巨大プラントでは効率を数％上げるだけでもコストは大きく変わります。また、弊社では現在、事業ポートフォリオの転換や地球温暖化防止への貢献を進めるに当たり、大きな変化が求められています。デジタルツインと「Ｔ-ＦＯＲＣＥ」という２つのツールを使って、様々な改善を進めていきたいと考えています。

2 「TokuyamaGPT」で社内データを共有し、業務を効率化

臼井　2022年11月にChatGPTが公開されると、昨年（2023年）の春頃からニュースで大々的に取り上げられるようになりました。社内でも業務に取り入れる価値があるのではないかと調べたところ、生成AIは大きなポテンシャルを秘めていると感じました。企業として業務に生かすことができれば他社との競争で優位になる可能性があり、少なくとも後れは取らないだろうと。そこで少しでも早く社内に導入しようと提案すると、経営層も同様の考えでした。

ChatGPTを使ってみて、まず便利だと感じたのが検索エンジンです。通常の検索ではいくつかの単語を入れても、引っ張れる情報は限られています。一方、ChatGPTはその比にならない量の情報を文章にして答えるため、新たな気付きを与えてくれます。

デジタル統括本部
IT ソリューショングループ IT 基盤チーム
岡田和久さん

デジタル統括本部
IT ソリューショングループ リーダー
臼井芳明さん

弊社で多くの情報を扱う場所、あるいは何か気付きがあると助かる部署を考えると、研究開発本部でした。非常に多くの文献や論文を必要としますが、自分一人ではたどり着けない情報にＣｈａｔＧＰＴは導いてくれるのではないかと、早い段階から使ってもらいました。

もう１つ便利だと感じた点は社内情報の共有です。データがあったとしても、自分で探すより担当部署の人間に聞いたほうが早いのが実状です。聞かれた側は都度対応のため時間を費やし、非効率です。そこで、ＣｈａｔＧＰＴが情報を探して教えてくれることができれば生産性向上が図れると考えたのです。

効率的に使うためには
データ保存のルールも必要に

岡田　ＣｈａｔＧＰＴは文章の作成や資料作りなどにも役立ちますが、いずれも業務利用となるため情報漏洩を防がなくてはなりません。そこで弊社独自の「ＴｏｋｕｙａｍａＧＰＴ」を実装し、生成ＡＩの利用基準を設けました。ただ禁止事項に終始せず、使うことを前提にした基準にしています。構築した環境としては、社内情報をサーバーに蓄積させ、それを活用するクローズドの「Ｓｅａｒｃｈ」と、パブリックの情報を活用する「Ｃｈａｔ」の２種類を用意しています。

（↓）未来の価値を創造する「TokuyamaGPT」

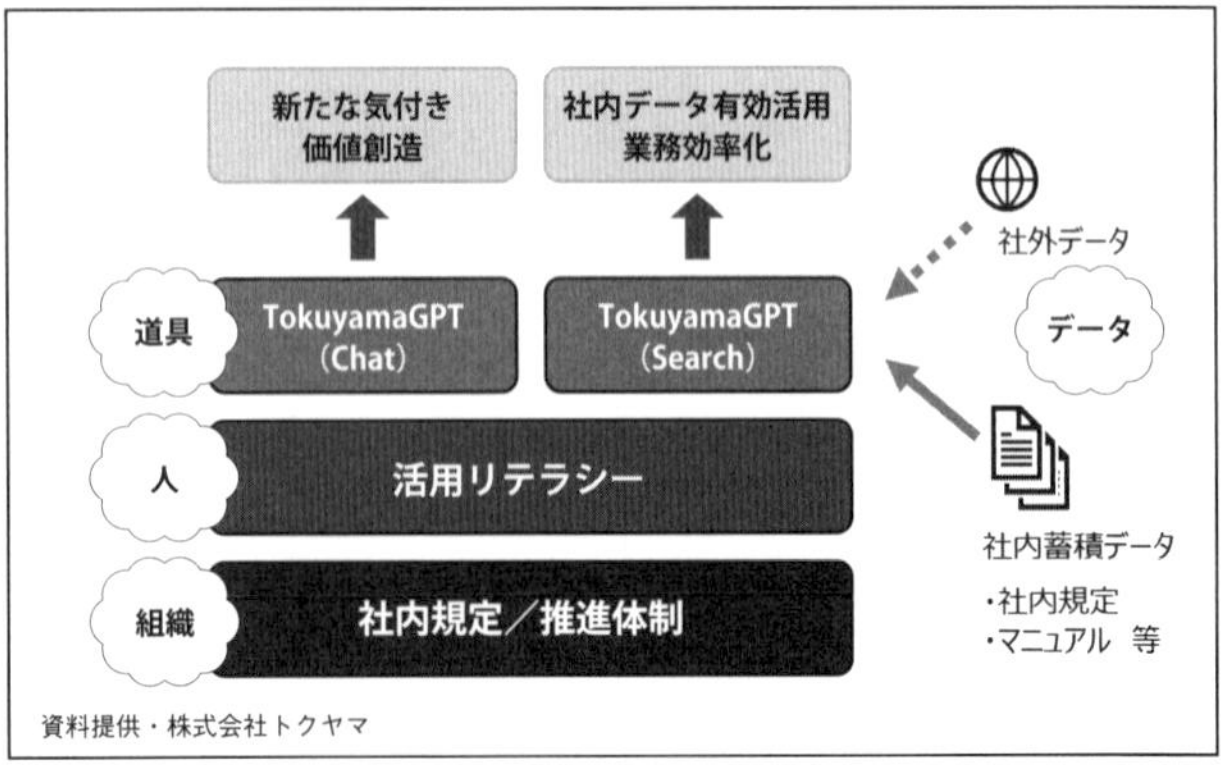

ＴＤＸの取り組みとして、ペーパーレス推進プロジェクトがあり、電子化を進めているのですが、電子化した情報を全てサーバーに蓄積すればいいというものではないこともわかってきました。「ＴｏｋｕｙａｍａＧＰＴ」は昨年（２０２３年）10月から稼働し始め、利用しながら検証を進めているのですが、同じ情報が複数あると、質問に対して回答に振れ幅が出てきてしまうことがわかったのです。

臼井　例えば、新旧両方のバージョンのデータがあると、そうなりがちです。データを蓄積するにも日付や番号を付けるなどルールを決め、情報を引き出す時も同様の工夫が必要です。

岡田　実際に使う中で、特に喜ばれているのはＩＴ部門です。デジタルは進化が早く、新しい技術をどんどん取り込む必要があります。そこで「ＴｏｋｕｙａｍａＧＰＴ」を使うと、想像以上に良質な回答が出てくると。調べることに対しての負荷が軽くなったとの声がありました。

臼井　当初は経理業務などで使えないかと、ざっくりとしたイメージでした。しかし、使っていくうちに、通常の業務フローに生成ＡＩを使えるのではないか。そうした業務に一番適しているのではと感じています。

社員の誰もがＩＴリテラシーを持っていれば、様々な使い方を発見できるのかもしれませんが、会社として考えると、誰もが使える工夫を考える必要があります。そういう意味では、ＩＴ部門はアプリケーションを使って生成ＡＩを組み込むシステムが作れるスキルを持つことが必要だと思います。外部に委託する考え方もありますが、後々アップデートしていくことを考えると、やはりＩＴ要員が使う人たちの声を聞き、話し合いながら様々なシステムを構築していくことがベストですね。

「ＤＸ ＴＯＤＡＹ」７号（２０２４年２月発行）にて掲載。内容ならびに役職は取材当時のものです。

【坂さんとの対談を終えて】

坂さんとの対談では、あまり表立って語られることのない日本の製造業特有のＤＸの難しさと、それを解決するための、やはり表舞台には出てこないことが多いＤＸ推進のための仕組み作り・組織作りについて、極めて具体的に伺うことができました。

坂さんは、インドでＩＴ化が進んでいるＤＸ先進企業を見学して、それで危機感を持たれたそうです。目にした現実をきっかけに、日本の製造業も変わらなければならないと。そうした強い危機感をベースに、坂さんはＤＸを推進しようと決意したのです。

トクヤマに移られてから最初の取り組みは、「ＤＸで何をしたいのかを全部署にヒアリングする」ことでした。様々な声を取りまとめて基本方針を定め、ＤＸ化のための全社プロジェクト「Ｔｏｋｕｙａｍａ ＤＸ」を作りました。一気に何かを集中して進めるというよりは、８つの柱を立て、ステップを踏んで少しずつ進める。そういうＤＸの基本方針を立てた上でＤＸを進めたのです。これは従業員全員が、自分たちの会社はどのようにＤＸに取り組んでいくのかを理解するためにはわかりやすく、しかも取り付きやすい手法です。全社で進めるプロジェクトは往々にして、それぞれの部署での考え方、取り組み方、進め方がまちまちになりがちですが、この方法には足並みを揃える効果があります。

25のサブプロジェクトが設定された「TokuyamaDX」の最初の施策に、「ペーパーレス推進プロジェクト」を置いたことが非常に印象的でした。当然、ペーパーレスが本当にDXなのか、という意見もあったといいます。

坂さんは、ペーパーを使うことが実はデータのない原因を生み出している理由だとして、これを最重要プロジェクトの最初に持ってきたのです。これはわかりやすい施策で、かつ目に見えて効果も出るので実利もあります。クイックウィンで勢いをつけて次のステップへつなげ、進めていく。これも有効なやり方だと思います。

プロジェクトを進めるにあたって、各部署からDXキーパーソンをアサインし、DXの連絡や推進役になってもらうことで、全員に行きわたらせる。このようにして、全員参加型のDXを実現されたのです。

コラム

人に着目したDX

「日本の鍛え上げられた気の利いた職人芸」と「インドの急速に発展するＩＴ」。製造業の現場では、同一条件であれば前者が圧倒的に優位です。しかし現実には、まったく同じ条件下での競争など望めません。日本の製造業の設備は高度成長期から年月が経過して古くなり、また培った技術を継承するべき若者の数も減少し続けています。こうしたマイナス要因が重なる中で、現場の匠は知恵と工夫を重ね、例え古い設備であっても、現場の人員が不足しても、なんとか従来と同一レベルのものづくりを維持し続けているのです。

一方のインドでは、日本の高度成長期のような投資が次々と舞い込み、新しい設備に着々と最新のＩＴが導入されています。最先端のＩＴ設備であっても、日本の匠の技を１００とすれば10の実力しかないかもしれません。しかし、そのＩＴ技術の導入が日本の１００倍のスピード・規模で行われているとしたら……。これが製造業における日本とインドが逆転した要因です。

こうした危機感の中であっても、会社の中で総意を形成していく、DXがなぜ必要か・何がいいのかを実務レベルで説明するといった、人に着目したDXは「AI」や「ITシステム」に比べると派手さがありません。そのため、特に若い人にとっては、何か古臭い建前論・形式論に見えてしまうかもしれませんが、そうではないのです。実は横河電機も、ほぼ同じようにして経済産業省の「DX銘柄」認定にたどり着いているからです。

この事実は、例え控えめに見たとしても検討するに値します。ここでは、参考動画「横河電機の製造DX　苦難と成功の道～市場変化に柔軟に対応するモノづくりと組織変革～」の内容に沿って、横河電機自身の製造DXのアプローチをご紹介します。

一般的に製造業のDXは現場レベルでの局所最適に陥ることが多く、一枚岩の組織を作ることは大変難しいものです。会社からミッションを受けているDX推進メンバーですら、現場から「現業が忙しい」等の理由で次第に孤立していくことは十分起き得ます。手段先行のデジタル化を断行しようとした時には特にそうです。横河電機でも同じでした。

そこで行ったのが、10年後にありたい姿の策定です。ただし、ありたい姿を形式的に策定して終わり、ではまったくうまくいかないため、この基本方針に「魂を込める」必要がありました。横河電機の場合は「ありたい姿」の中に、「人を中心とした工場」や「現場のアイデアに基づいて進化し続ける」、「ストレスのないオペレーション」等といった、あくまで中心となるのは「人」という「10年後のありたい姿」を描いています。ＤＸ推進メンバーは、この「10年後のありたい姿」を1枚の構想図にまとめ、常に持ち歩きながら現場との対話を続けました。その結果、組織行動を変えることができたのです。

ただし、このような「人中心」のＤＸ推進には、1つだけ落とし穴があります。それは、自分たちの視野の範囲だけで考えてしまうことです。いわゆる現場のボトムアップによる改善活動の延長となってしまうと、ＤＸ改革はまったくうまくいきません。日本の製造ＤＸの競争相手は、例えば冒頭で触れたインドの製造業なのです。

横河電機の場合は、将来像に「マーケットニーズへの柔軟な対応」や「サプライチェーンのグローバル全体最適」といった、あくまで会社の外を見る方針が明示的に盛り込まれたことにより、落とし穴を回避しています。

●参考動画
「横河電機の製造ＤＸ　苦難と成功の道～市場変化に柔軟に対応するモノづくりと組織変革～」／株式会社デジタルトランスフォーメーション研究所 公式 YouTube チャンネル
https://www.youtube.com/watch?v=g_8knDxlKVM

第 8 章
太陽ホールディングスのDX

chapter 8

DX conversation

太陽ホールディングス株式会社
常務執行役員CDO情報システム部長

俵 輝道さん

×

横河デジタル株式会社
代表取締役社長

鹿子木宏明

俵 輝道さん

Terumichi Tawara

住友電気工業株式会社国際事業部にて海外戦略企画・実行に従事後、VCを経てスタートアップを4年間経営。会社売却後、株式会社ミスミに勤務し日本で金型部門の事業統括ディレクター、米国駐在で米国社買収後のPMI業務に従事。その後アマゾンジャパン合同会社でDIY用品事業部長兼 産業・研究開発用品事業部長。現在は太陽ホールディングス株式会社にてIT部門を統括。グループ全体のDX推進の責任者でもある。

エレクトロニクスをはじめ、医療・医薬品やエネルギーなど幅広い事業を展開している株式会社太陽ホールディングス。グループ全体のCDO（最高デジタル責任者）を務める俵輝道さんにお話を伺いました。

鹿子木　これまでのご経歴について教えていただけますか。

俵　大学の法学部で法律を学び、アメリカの大学院でMBAを取得しました。新卒後の住友電気工業では海外戦略企画などに従事。その後、事業会社やベンチャーで会社や事業の経営に長年携わりました。太陽ホールディングスに入る前はアマゾンジャパンで事業部長として、2つの事業部を見ておりました。

鹿子木　これまでずっとビジネスの立ち上げなどをされていて、今はCDOというお立場でいらっしゃる。珍しい経歴をお持ちですね。

俵　ご縁があって入社したのですが、入ってまもなく社長の佐藤から「時間がある時に社内でどんなDXができるか調べてほしい」と声を掛けられました。早速調べてプレゼンをしたところ、興味を持たれたのですね。もともとは違う仕事をする予定で入社したのですが、そのことがきっかけでCDOとしてグループ全体のDXをリードすることになりました。また、CIO的な業務もあり、グループ全体のITの統括もしております。

鹿子木　DXを進める上で、これまでのビジネス経験が役立っていると感じることはありますか。

俵　はい、大いにあります。私どものDXは単純に高度化やトランスフォーメーションだけでなく、ITを活用して新規事業を創出することを目的としているからです。また、マネージメントという点においても会社経営の経験が生かされています。

鹿子木　御社は電子機器の基板を守る化学素材、ソルダーレジストが世界ナンバーワンのシェアを誇るリーディングカンパニーですね。他にも幅広い分野の事業をグローバルで展開されています。俵さんが入社されたタイミングで積極的にDXの取り組みを始めた背景には何か理由があるのでしょうか。

俵　弊社はBtoBの中規模の製造業で、昨年（2023年）創業70周年を迎えました。化学メーカーですが、実はDXやITがうまく進んでいなかったのです。特に基幹システムの入れ換えは何度も苦戦し、抜本的に見直しや強化を図らなければならないという問題意識がありました。

鹿子木　どのようなDXができるか調べられた時、何が課題だと思われたのですか。

俵　様々な課題がありました。ただ、煩雑な課題をそのままにIT化やDXに取り組むのではなく、まずは課題を整理したり、業務を変える意識を持つことが前提だと。DXというのはあくまでツール、手段だと思っていますので、それが目的化しないようにしなければならないと思いました。これまで苦戦してきた基幹システムの導入も、導入すること自体が目的になっていた面もあると思います。今、ちょうど横河ソリューションサービスさんにERPの導入を支援していただいているのですが、今回はうまくいきそうです。

鹿子木　お役に立てて何よりです。ところで、どのような形でDXを進められているのでしょうか。

DXが果たすべき役割を3つに分けて推進

俵　グループ全体の長期経営構想の中で、「デジタルトランスフォーメーションによる進化と変革」、「新たな事業の創出」を基本方針としています。その中でDXの役割を「攻めのDX」、「守りのDX」、「DXを進める上での基盤強化」の3つに分けています。まず弊社の「攻めのＤＸ」では、社内の課題は社外でも課題になっているであろうと考えました。つまり、自社の課題解決を新規事業につなげるのです。具体的にはＡＩを使ったナレッジマネジメントシステムの販売です。グループ内に製薬会社があるのですが、薬事部門で扱う法令や関連文献の膨大なデータ管理が煩雑で属人化しやすいという問題がありました。ベテランと若手の間でナレッジトランスファーがうまくできていなかったのです。ＡＩを用いることでその問題を解決させ、蓄積したデータやノウハウを社外にも提供することにしました。

鹿子木　自社のＩＴ化でＤＸ事業を作り出すという発想はユニークですね。そして、事業の立ち上げは、まさに俵さんのご経験が生かされる。

”問題や課題をどうするべきか、全員が自分事化することが重要“

――俵

俵　新規事業をどんどん創出せよ、という社内カルチャーがあり、それに沿って、ＩＴを活用して新たな事業の柱を作りたいと考えています。

この「攻めのＤＸ」とともに「守りのＤＸ」も進めています。デジタル技術を活用することで、生産性の向上や事業の高度化を図ります。

こうしたＤＸを進める上で欠かせないのが基盤強化で、中でも人材が要になります。ＤＸを進めることで、どのような将来像を描いているか。役員から現場までいろいろな人を巻き込み、全ての人が自分事として捉えてもらうことが重要です。会社の事業戦略も、経営陣に思いが込もっていなければ人は付いてこない。ですから、役員に対しても勉強会を開くなど、啓蒙活動を行っています。

“DXはその解決手段の1つとして取り入れるということですね”

――鹿子木

また、若手にはデジタル人材の育成プログラムを取り入れ、デジタルリテラシーの強化を図っています。その一環として、現場のＤＸリーダー主導でＢＩ（ビジネスインテリジェンス）ツールのトレーニングを行っているのですが、目的は単にツールを使いこなすことではなく、データを実務や現場にどのように落とし込んで運用するのか自律的に考え、課題改善のためのＰＤＣＡを回す仕組み作りができるようになることをゴールとしています。どちらかといえばビジネス研修に近いイメージです。実際、ＢＩでデータを見える化することで、若い人たちが会議などで活用してくれるようになり、経営層の刺激になることもあります。

ＤＸを目的化しない。手段として考えること

鹿子木　トップダウンとボトムアップの両方で基盤を強化されているのですね。他社において、ＤＸをうまく進めていくためには何が大切だと思われますか。

俵　繰り返しになりますが、ＤＸは目的ではなく手段であることを認識することではない

でしょうか。あくまで手段ですから、会社や国によってその方法はまったく異なると思います。私が一番違和感を感じるのは、DXありきで語られることです。

まずは経営戦略や事業戦略、事業課題が何かを明確にする。DXすること自体が目的になると、デジタルやITツールの使い方などで少しでもつまずくと結局成果を出せないまま終わってしまいます。私のようなデジタルリーダーは、トップとコミュニケーションをしっかり取って期待値などをすり合わせ、継続的にコミットメントがもらえることが重要です。そしてトップと現場をうまくつなげて進めていく。みんなが自分事として捉え、共通意識を持つことです。

率直に申し上げると、弊社も会社ごとで事業を進めてきた歴史があり、縦割りになっているため、横串でガバナンスを効かせたり、新たなプロジェクトを進めようと試みている最中です。国によって法律や文化も違うため、難しい点もありますが、トップからの発信を含め、こちらの方針をしっかり打ち出し、人を巻き込んで成功させるのが目標です。

鹿子木　DXを目的にしない。そしてコミュニケーションと人を大切にすることで経営層から現場まで同じ志を持って取り組む。基本的なところから見直すことで、確実にDXが進んでいるのですね。貴重なお話、ありがとうございました。

1

生成AI×ナレッジマネジメントシステム「STiV《スティーブ》」※で医薬品業界の課題を解決

太陽ホールディングスの長期経営構想の基本方針の中に「新たな事業の創出」が含まれており、情報システム部が取り組むＤＸ化施策から、外販できるサービスを生み出したいという目論見は以前からありました。弊社グループとしてもＩＣＴ事業の育成を継続的に行っており、インフラ刷新や新システム構築を担っているＩＣＴ事業会社のファンリードや医療・医薬品事業を行っている太陽ファルマなど、グループ各社の知見を活用した新事業創出に着手しました。

太陽ファルマは医薬品の製造販売を行っていますが、この業界は厚生労働省などから発信される省令やガイドライン、通達等が日々更新される規制産業ため、ナレッジ管理が課題になっています。また、太陽ファルマでは他の製薬会社が開発・販売してきた医療用医薬品の製造販売承認を承継するケースが多く、その医薬品の研究や製造に関する情報は開

※「STiV」という名称は「Share and Transform into Value（共有して価値に転換する）」という意味を表す。特許2件出願済み。

(↓) STiVの生成AI活用

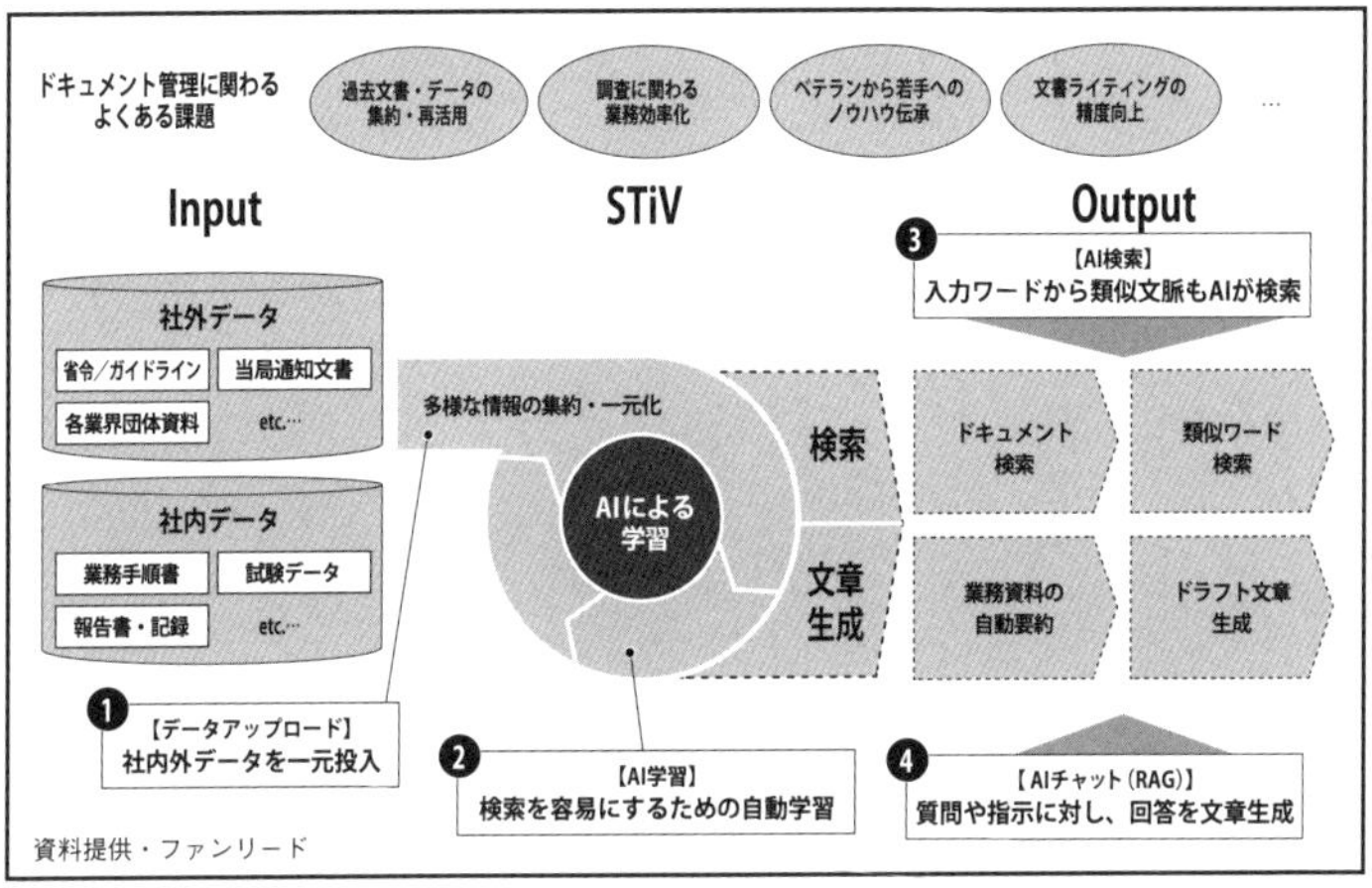

発元から受け取った膨大なドキュメントが全てです。その中から情報を調べるという作業は大変時間がかかるもので、当局から迅速な回答が求められる薬事申請や査察対応のシーンにおいて、ナレッジマネジメントは解消したい課題だったのです。

これらの情報資産活用を円滑にするために開発したプロダクトが、生成ＡＩを搭載した独自のＡＩナレッジメントシステム「ＳＴｉＶ」です。ＳＴｉＶは、ドキュメントのファイル名だけでなく、文書中の一言一句を高速に検索できることが特長です。また、手書きの文章も全てＡＩ-ＯＣＲをかけてデジタルデータ化するため、メモのようなものまで検索の対象になります。頻繁に改訂される法令なども生成ＡＩとのチャットにおいて「最新の情報で」「変更内容を具体的に」などのプロンプト（指示）を与えれば、必要な情報のみ記載された要約文を引き出すことも可能です。

一般的には、ファイルサーバのフォルダ名を精緻に分類し、社員に厳密なファイル保存ルールを依頼するといった努力で情報資産管理をされるケースが多いです。その一方で、頻繁な組織変更によってファイル管理の努力が水の泡に、ということも多々あります。こうした状況下においてもＳＴｉＶを活用すれば、情報をまさに宝に変えられるのです。

他社の課題を解決しながら業界ナンバーワンを目指す

ＳＴｉＶを世の中に初めて披露したのは、２０２３年６月に行われた展示会、インターフェックスＷｅｅｋ東京でした。反響が予想以上に大きく、イベントの３日間で約５５０人と名刺交換したほど。来場者に話を伺うと、前述の課題を業界の多くの方が解決できていないことがよくわかりました。

太陽ホールディングス株式会社
情報システム部
新規事業開発課長
小宮山靖裕さん

弊社グループに限らず、社外・業界の様々な声を聞くことで、新たな観点や知恵が出てきます。すると、井の中の蛙ではなく、太陽ホールディングスグループ内のＤＸレベルも業界全体の中で一番になってくるという好循環の構図が作れます。

ＳＴｉＶを販売開始したのは、今年（２０２４年）４月です。短いスパンで製品化に至った理由の１つは、プロダクト企画、システム開発、営業・マーケティングの全てを１つの組織の中で行っていること。また、一般的なＩＴ専業ベンダーとは違い、我々は実際にサービスを利用・サポートしている事業会社の情シスという側面もあり、開発・利用している人間が営業に行くので、セールストークの共感が得やすいという利点もあります。

ＳＴｉＶの市場投入は医薬品業界をメインターゲットに事業をスタートしていますが、どの業界にも当てはまる課題を解決するソリューションであることを意識しています。通常、社内ＤＸ施策を突き詰めると究極の自社向けカスタムシステムになりますが、外販を意識しつつ新規プロダクトを開発することは意識の置き方に工夫が必要です。当然、弊社グループ内のユーザー満足度もとても重要ですので、このような新規プロダクト開発の進め方はノウハウとして徐々に蓄積できてきました。今後はグループ内ＤＸと外販サービス化とのトライアンドエラーを繰り返しつつ、新たに第2、第3のＳＴｉＶを生んでいく予定です。

各社の現場から

DX FrontLine

2

製造部門が自律的に改善する仕組みに。太陽インキ製造の人財育成トレーニング

弊社のシステムは約20年前に工場を建てた時のもので、この間に導入及び個別最適化された各種システムをつなぎ合わせて使っているのが実状です。進化しているデジタル技術を活用することで、まだまだ伸びしろがあると感じていました。新しい基幹システムを入れ、仕事のやり方自体を変えていくことで、会社の成長につながるのではないかと。

２０２２年に基幹システムの入れ換えプロジェクトが始まりました。要件定義、システムの構築までが終わり、今年（２０２４年）８月の稼働に向けて新業務プロセスの仮運用、システムのバグ出しテスト、ユーザートレーニングなどを進めているところです。そこで重要になるのが組織の仕組み作りや標準化であり、並行して欠かせないのが新業務プロセスを運用し、改善し続ける人財の育成です。

新しい基幹システムに一元化された膨大な情報を効率的に整理する力、分析力、レポー

（↓）ビッグデータ活用・データドリブン経営をサポートするBIツール

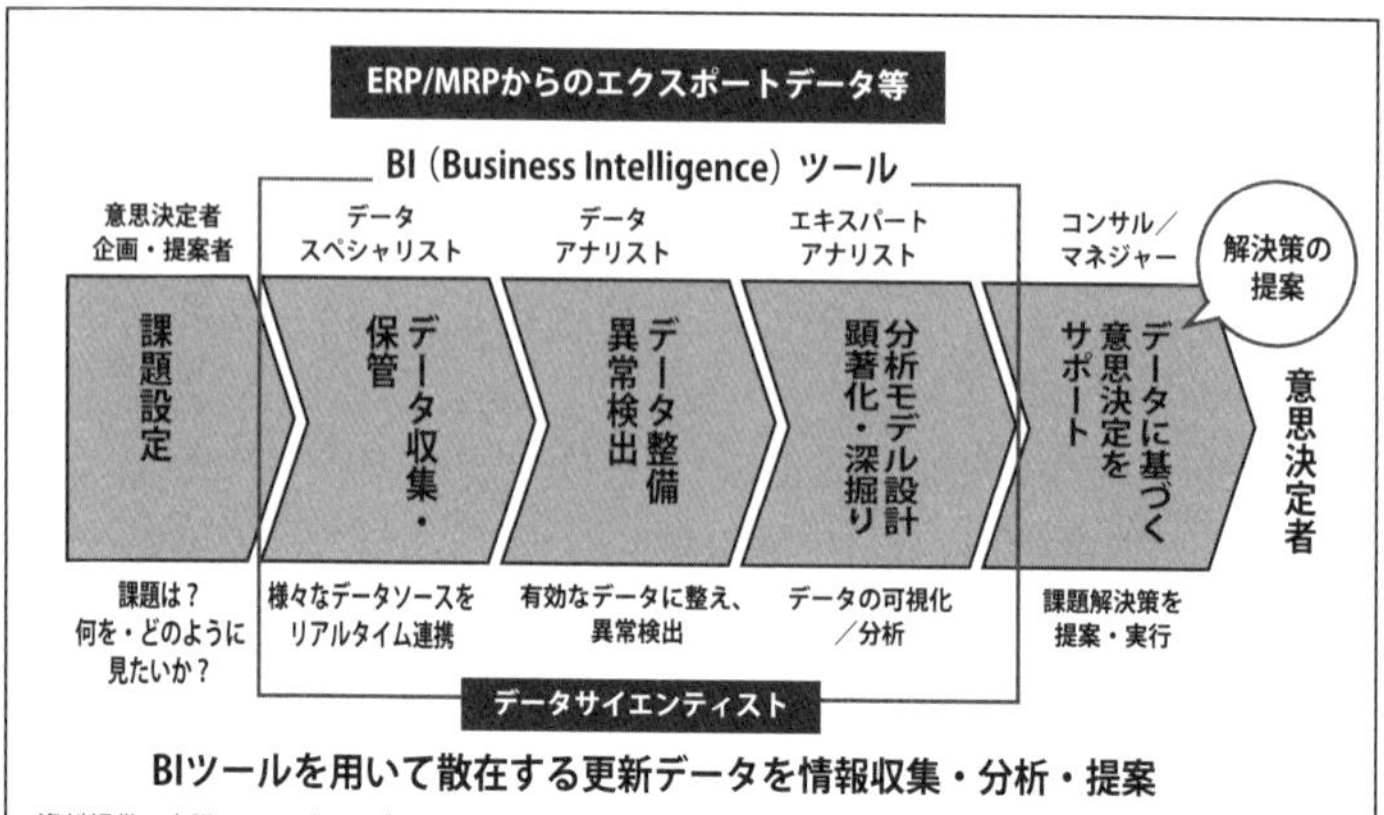

資料提供・太陽ホールディングス

ティング力、意思決定をサポートする提案力を育てるため、部署別、階層別のデジタル人財育成トレーニング構想をまとめ、その1つがBIツールトレーニングというわけです。

製造現場が自律的に考え PDCAを回す仕組みに

私が所属する製造部門において、新しいツールを使いこなす必要があるのは誰かと考えると、製造現場の業務を上流で決める生産技術系と製造管理系のメンバーです。DXを進めるに当たり、現状の業務課題と、ありたい姿を言語化し、業務プロセスを設計してきました。具体的には複雑化、属人化した仕事を業務フローやドキュメントに落とし込み、システムに封じ込めるものと人にしかできない業務に仕分けます。判断を上流に集め、後戻りしない簡素な業務になるよう、システムの要件、新業務プロセスを整理しました。トレーニングのメンバーは、こうした業務変革にも果敢に取り組む入社2～7年目の若手社員や、問題意識を持っている人に参加してもらいました。

トレーニングは約5か月間。本社と北九州の2か所で開催し、参加者はそれぞれ7名程度です。部署、入社年度、ジェンダーなど、多様性を意識してメンバー、テーマ（カーボンフットプリント、製品在庫、原材料在庫な

太陽インキ製造株式会社
埼玉工場　副工場長
久多良木義和さん

ど）を構成し、個別の対面レッスンを行うことも少なくありません。複数人を一気に教える形式ではなく、プロフェッショナル人財（伝道師）を育成するイメージです。トレーニングは単にデータの集計や可視化の方法だけではなく、実際の課題に即した実践的な内容。最終的には、仕事のやり方を変え、絞り込まれたＫＰＩを見える化し、自律的な改善のＰＤＣＡを回す仕組み作りができるようになることが目標です。

最初は講師側もどのようなインプットをすれば理解されるのか、手探りの部分がありました。トレーニングを始めてまだ2年目ですが、仕事に対する姿勢や進め方が変わり、数字的にも利益に貢献する事例も出ています。また、デジタルの知識に長けた若手と熟練の技を持つベテランがお互いの長所を生かせることも強みに感じています。

世の中にはサプライチェーンや為替、パンデミックなど様々な不確定要素があり、避けることはできません。そうした時に、製造部門では柔軟な生産対応が求められます。日本では小ロットの品種やリードタイム短縮の要望が増える傾向にあり、データを先読みして先手を打つ対応をしていかなければ製造業は残っていけません。加えて、日本ではこれから少子高齢化社会になり、人手不足はより深刻になりますから、自働化できるところは自働化して、日本人が長けている技術に人の手や時間を使えるようにする必要があります。

そのためにもデータ活用は必須です。つまるところ、デジタルツールに指示をするのも人、データを見て考えるのも人、改善メカニズムを回すのも人。人財育成は最重要課題なのです。その点、太陽ホールディングスは組織的に対面で丁寧に社内コミュニケーションを取る社風ですので、新しい基幹システムの稼働によって人・仕事・組織のDX化が進むことを、私自身も期待しています。

「DX TODAY」8号（2024年6月発行）にて掲載。内容ならびに役職は取材当時のものです。

【俵さんとの対談を終えて】

俵さんとの対談でとても印象に残ったのは、ＤＸ戦略の目的に、新事業の創出が入っていることです。社内の課題は社外でも同様のはずだと考え、自社のＤＸによる課題解決を新規事業に発展させる。これは、俵さんご自身が複数の事業会社やベンチャー、またアマゾンジャパンの事業等を歴任されてきて、新事業に対して深い造詣をお持ちなのを反映されているのだと思います。

実際、すでにそのような新規事業として販売が開始されているのが、対談の中でも言及されている、生成ＡＩを組み合わせたナレッジマネジメントシステム「ＳＴｉＶ」です。グループ内にある大きな課題（情報管理の属人化・複雑化）をＤＸ（生成ＡＩ）により解決されましたが（自社ＤＸ）、それは当然ながら他の医薬品関係のお客様にとっても一丁目一番地の課題だったわけです。

これを実現するためには、まず他社にない自社の強みは何かを洗い出し、それをデジタル化することで社内の取り組みばかりでなく、外販できるのかまでを射程に入れて社内の

ＤＸを進めていく必要があります。

こうした新事業は〝攻めのＤＸ〟になるわけですが、それと同時に、俵さんは〝守りのＤＸ〟も進めています。これはデジタル技術を活用することで生産性の向上や事業の高度化を図るというもの。さらには、〝攻めのＤＸ〟と〝守りのＤＸ〟を進める上で、基盤の強化、特に人材育成を重視しているのは対談の通りです。

トップダウンのアプローチもあれば、同時にデジタル人材育成プログラムを取り入れて若手のボトムアップも図り、トップダウン、ボトムアップの両方で基盤を強化し、新規事業を目指す。自社のビジネスの強みを生かして、そのデジタル化を新規事業につなげていく。このケースもＤＸ化だけが目的ではなく、その先にある外販ビジネス、新規ビジョン、事業のビジネス化がまずあって、それを目指してＤＸを進めていくアプローチの例でした。

コラム

外販を目的としたＤＸ

「自社のＤＸにかかった費用を外販してまかなう」という考え方は経営者にとって魅力的ですが、そう一筋縄ではありません。例えば、自社内のペーパレス化を推進したシステムを外販しようとしても、市場はすでにレッドオーシャンです。それに、自社のＤＸを進めるにあたっては、通常情報システム部が担当しますが、その担当者がビジネス、特に新事業の立ち上げ経験を持つケースは非常にレアだと思います。自社内の展開は社内ガバナンスの名の下にある程度強制的に行うことができますが、お客様相手のビジネスにおいては、そのような強制力は存在しません。

新事業化に必要なのは一般的に言われている通り、差別化要素、商流、ビジネスモデル等の妥当性です。自社のＤＸを外販する計画がある場合には、しかるべきビジネス人材を自社ＤＸ構築時の初期から携わらせておく必要があります。

横河電機のＤＸ戦略には、「Internal DX（ＩＤＸ）をExternal DX（ＥＤＸ）へ」とい

うスローガンで表される、自社のＤＸを新事業化するという方針があります。外販化するのに成功した代表例としては、セキュリティ監視センターサービスのＳＯＣ（OpreX IT/OT Security Operation Center）がありますが、どのような背景で、どのような差別化要素等の事業を想定して自社内ＤＸを進めたのか、参考文献（Ｐ１６０参照）の内容をもとにご紹介します。

まず、当時の自社内のセキュリティ監視は外部ＩＴ会社に委託していましたが、サイバー攻撃の特定やタイムリーな検知・その影響範囲の特定に必要な、相関的なログ分析が行えませんでした。また、グローバルに展開している拠点では、当時はガバナンスが不十分で、地域ごとにバラバラなセキュリティ製品が導入され、統一的なセキュリティ監視も行えていませんでした。必然的に、セキュリティの強度が地域ごとに異なり、脆弱性を持つ地域から侵入されてグローバルなシステム全体に影響を与えることなどが課題となっていたのです。そうしたことから自社での新規開発が必須になり、投資が行われたのです。

方針が決定した後の主な流れと大体の時系列は次のようになります。

●２０１９年１月～３月：東京とシンガポールを対象にＰｏＣを実施。ＰｏＣでは、ログの収集方式や転送時間、さらに不正アクセスの検知、分析方法、ダッシュボードの設計等、ＳＯＣの要件を整理

●２０１９年４月～12月：インド（ベンガルール）でＳＯＣ開発体制を整え、主要６拠点（日本、欧州、北米、シンガポール、中東、インド）のセキュリティ監視を立ち上げ

●２０２０年１月～６月：監視地域を15か所に拡大（中国、ロシア、南米、台湾、フィリピン、インドネシア等）。また、各国のＩＴ部門と、Computer Security Incident Response Team（ＣＳＩＲＴ）体制を見直す

●２０２０年７月～12月：外部委託による監視をやめ、社内監視体制に切り替え

●２０２１年１月～：日本、ベンガルール、ルーマニアの３極ローテーションによる24時間監視体制を確立

●２０２２年８月：OpreX IT/OT Security Operations Centerサービスの外部提供を開始

当時の監視対象ＰＣはおおよそ3万台、グローバルに収拾されるログは1日３００ＧＢでした。このように、自らが製造業でもある横河グループに必要とされるセキュリティの監視を、専門家を入れながら構築して、その運用ノウハウを蓄積したのです。

自社内で本当に必要とされるものを、専門家を入れつつ外販を見据えながら作っていくのは製造業ＤＸの1つの形です。ただし繰り返しになりますが、ビジネスと社内ＤＸは本来別物です。外販ありきで自社ＤＸを進めることはおすすめできません。もしも外販の可能性のある自社ＤＸが見つかったのであれば、その初期の段階から事業立ち上げの経験者をＤＸチームに入れて、外販時の商流やビジネスモデルに合ったアーキテクチャでの自社ＤＸを目指すと、外販成功の可能性は高くなるでしょう。

第9章
キッツのDX

chapter 9

DX conversation

株式会社キッツ
執行理事 CIO／IT統括センター長

石島貴司さん

×

横河デジタル株式会社
代表取締役社長

鹿子木宏明

石島貴司さん

Takashi Ishijima

日産自動車株式会社では製造業各種システム開発・保守、ITインフラ導入、ITアウトソーシング企画導入など幅広く情報システム関連業務に従事。海外でもIT領域の整備や提携IT関連業務に携わり、2011年よりチーフITアーキテクトとして、グローバルなDX推進、クラウド化、データ活用推進、SOC立ち上げなどを指揮。同時にDXを加速させるルノー・日産のグローバルなIT組織ガバナンスを構築した。2018年株式会社キッツに入社、2021年4月より現職。

インフラやプラントなど産業分野を中心に、流体制御製品を製造する総合バルブメーカー、株式会社キッツ。CIO、IT統括センター長としてDXに取り組む石島貴司さんにお話を伺いました。

鹿子木　もともとはIT分野がご専門ではなかったそうですね。

石島　大学は法学部で、車が好きだったので卒業後は日産自動車に入社しました。そこで、なぜか情報システム部に配属になったのです。それまでコンピューターに触ったことすらなく、正直辞めようかと思うほど仕事に興味が持てませんでした。それでも、3年は頑張ってみようと。

　最初は教えられるままにプログラムを作っていましたが、そもそもコンピューターがわからないのでまったく腹落ちしない。それを上司に言い続けていたら、4年ほどでインフラの担当に変えてもらえたのです。そこでようやく全体像が見えて、腹に落ちました。理解できたところで再び業務システムに戻してもらおうとしたのですが、それは叶いませんでした。ですが、仕事を続けるうちに、全社の様々な業務に関われるのは、社長以外では情報システム部しかないのではないかと。営業から生産、設計、開発、人事、経理と全てに関わり、場合によっては改革していく。コンピューターを使って改善していくことが非常に面白いと思うようになりました。

その後もインフラに携わり、北米の駐在やフランスのルノー社への出向など海外での経験を経て、２０１８年に28年間働いた日産からキッツに転職した次第です。

鹿子木　なぜ転職しようと思われたのですか。

石島　ちょうど50歳になった年で、残りの10年、15年を日本のために何かできることがないかと考えたのが大きな理由です。グローバル化やデジタル化を本気で目指しているものの、そのノウハウがなかったり、苦戦している会社もあります。そうしたところなら、自分が役に立てるのではと思い転職活動をしていたところ、声を掛けていただきました。

鹿子木　入社した時、社内はどのような状況だったのですか。

石島　基幹システムの再構築のため、２００7年からＳＡＰの導入プロジェクトが動いていました。海外で新しく立ち上げるグループ会社から導入し始め、最終的にキッツ本体という順番で進めていたのです。私が入社した数か月後に本番を迎えるという時期でしたので、すぐに携わらせてもらったのですが、これはシステムや業務全体を理解するのにいい機会でした。今もまだいくつかのグループ会社に展開中で、２０２7年にキッツグループグローバルの全部にＳＡＰが入ります。

　そういった状況でしたから、ＩＴ部門の人たちはＳＡＰ以外のことに手が回っておらず、デジタル化は後れをとっていました。そこで私はＳＡＰの立ち上げ後すぐに、働き方大改革を打ち出したのです。まずは紙で行われていた業務のペーパーレス化を徹底し、スケジュール管理などのＩＴツールを最新のものに変え、ＲＰＡで業務の自動化、効率化を進めました。

働き方大改革で身近なことから変える

鹿子木　長年の習慣を変えていくというのは、大変な作業ですね。
石島　賛同してくれる人もいれば、外からやってきた私が大きく変えようとすることに反対する人もいて、社内は２つに割れました。ですが、社長を含めた役員全員を巻き込みトップの意思として始めたため、２年ほどすると全社一丸となって進めることができました。新型コロナ感染症が流行し、在宅勤務やリモート会議など働き方を変えざるを得なくなったことも後押しになったと思います。

鹿子木　そうした改革が進むにつれて、社員の意識や風土などに変化はありましたか。

石島　仕事の効率化やスピードアップ、品質向上など、何かしら従業員全員がプラスの変化を体感して、それが仕事へのモチベーションアップにつながっていると感じます。その成功体験が、新たなデジタルツールを使った取り組みに積極的になっている要因だと思います。

弊社はＢ to Ｂのビジネスで、かつ社会的インフラに関わる製品であり、代理店販売が中心です。そういったことから、他の業界に比べると需要は安定しており、創業以来、あえて何かを変えなくても商売が成り立っていました。私が入社した時にも、社内に変化を求めない空気を感じましたね。しかし、今日では社会や国際情勢などが変わってきており、先行きがとても不透明です。今までの市場だけを相手に同じやり方をしていたのでは先細りになることもあるでしょう。圧倒的に日本での利益が大きいのですが、この先ホワイトスペースが大きいのは海外です。もちろん今もグローバル展開はしていますが、真のグローバル企業になるためにはデジタルの力なしではあり得ません。経営陣も同様のことを考え始めていたので、働き方大改革を進めるのにはとても良い時期だったと思います。

鹿子木　各自の成功体験が変革につながっているのは素晴らしいですね。そして、真のグローバル企業になるためにはＤＸ化が必須であると。今後はどのような形で進めていかれるのですか。

石島　２０２２年2月に、長期経営ビジョン『Beyond New Heights 2030「流れを変える」』を公表しました。これに沿って、ＩＴ統括センターでは「Kitz Digital 2025」という戦略を始動。３層構造にして戦略を定め、推進しています。

まず1層目は「ビジネス」です。全社的にデジタルの力でサポートして確実に効果を出し、従業員の満足度を上げるというものです。２０２２年には社員の約2割が参加するＢＸタスクフォースを始めました。2層目は「テクノロジー」。デジタルワークプレイス、データ活用の基盤、クラウド、情報セキュリティ基盤を整備することを目標としています。3層目は「オーガニゼーション」。我々ＩＴ統括センターの内部改革です。ＩＴ環境の運用や保守業務など内製だけではなく、アウトソーシングで効率化を目指します。

まずはこの3層を２０２５年までに着実に実行するためにＫＰＩを定め、取り組んでいるところです。

"社内を二分しがちな変革はトップの意思として行うこと
――石島"

これまでのやり方が今の時代も正しいと限らない

鹿子木　御社は創業70年以上の歴史をお持ちですが、全社で改革を進め、今年（2024年）4月には経済産業省が定める「DX認定事業者」を取得されました。日本には同様に長い歴史を持つ製造業が多く、なかなか変われないという話もよく耳にします。どのように改革を進めるのが良いと思われますか。

石島　まず、トランスフォーメーションを難しく考えないことでしょうか。新規事業を作るとか、イノベーションを起こすという大きなことではなく、日々の仕事の仕方を変えたり、お客様の立場に立ってより便利なサービスへと改善する。そうした当たり前のことを変えていくことから始めるのがいいと思います。

次に、何かを変えるのは、ものを言えない空気が足枷になるので、言いたいことをきちんと言える会社の風土を作ることが非常に重要です。前の会社のCOOだったカルロス・ゴーンさんはダイバーシティをとても大事にしており、性別や年齢、国籍に関係なく、対等に議論をする人でした。それが日産のグローバル化の一翼を担いましたし、また、私が世界を理解する上で非常に大きな経験となりました。

3つめは、当たり前に思っていることを疑ってみるということです。教えられたことや、長くやっていることはなかなか否定しにくいですが、時代や状況が変わると、必ずしもその方法がベストではなくなっていることもよくあります。そうしたことから、今の仕

"社長が本気の姿勢を見せ、リードすることが必要ですね"

——鹿子木

事のやり方を客観的な目で見られる人を一定数組織の中に入れていくことも必要です。そして最後に最も重要なのは、トップの社長が本気で変革を目指すことです。トップがリードして組織を引っ張り、その姿勢を見せないことには何も変わりません。

鹿子木　身近なことから取り組み、全社員が小さな成功体験をしたことでDXが進んだというお話が印象的でした。貴重なお話、ありがとうございました。

各社の現場から

DX FrontLine

1 使用中のバルブトラブルを未然に防止 お客様の声に応えたキッツの「KISMOS《キスモス》」

弊社初のコト売り事業として取り組んでいるのが、バルブ異常の予兆検出モニタリングサービス「ＫＩＳＭＯＳ」（=KITZ SMART MONITORING SYSTEM）です。これは

インダストリアル事業推進部
メンテナンスソリューショングループ長
西澤 勲さん

IoT、AIの技術を駆使し、プラントや工場など、バルブ保全の困りごとを解決するというソリューションです。

大きな特長は、〝明日から始められるバルブトラブルの未然防止ソリューション〟というキャッチコピーの通り、配線工事が不要で、簡単に取り入れられること。ソーラー（低照度）パネルによる自己発電で電源も不要です。かつ、バルブに付けるセンサは後付けでき、メーカーを問いません。収集したデータはバルブから離れた計器室などで受信でき、無線でクラウドにアップロードされます。それをAIを使って弊社でモニタリングして定期報告し、何か異常の予兆があればすぐにお客様にご連絡します。

このサービスを始めるに至ったきっかけは、2015年から弊社が採用しているデザイン思考ワークショップでした。新たな事業創出のために様々な部署のメンバーが集まり、顧客価値を探る取り組みです。そこでお客様にヒアリングし、課題をお聞きしました。その1つが、突発的なバルブの故障でした。バルブが一度故障すると即時に生産を止めなければならず、復旧に時間がかかるばかりか、わずか1日でも莫大な損失になるとのことでした。しかし定期メンテナンスだけではこうした突発的なトラブルを完全に防ぐことは難しく、時には過剰頻度でメンテナンスを行ってしまうこともあるとお聞きしました。また、メンテナンスの基準は何年も前から更新されておらず、退職されたベテラン社員が決めたものなので、それを変更する場合の判断が難しい、といったお客様の声もありました。

パートナー企業の力を借りつつコンセプト作りは自社で

そうした課題を持ち帰り、解決策をチームで考えました。弊社はバルブメーカーですから、不具合が起きないバルブの開発が主な業務です。それとはまったく別のアプローチ

（↓）「KISMOS」システム構造図

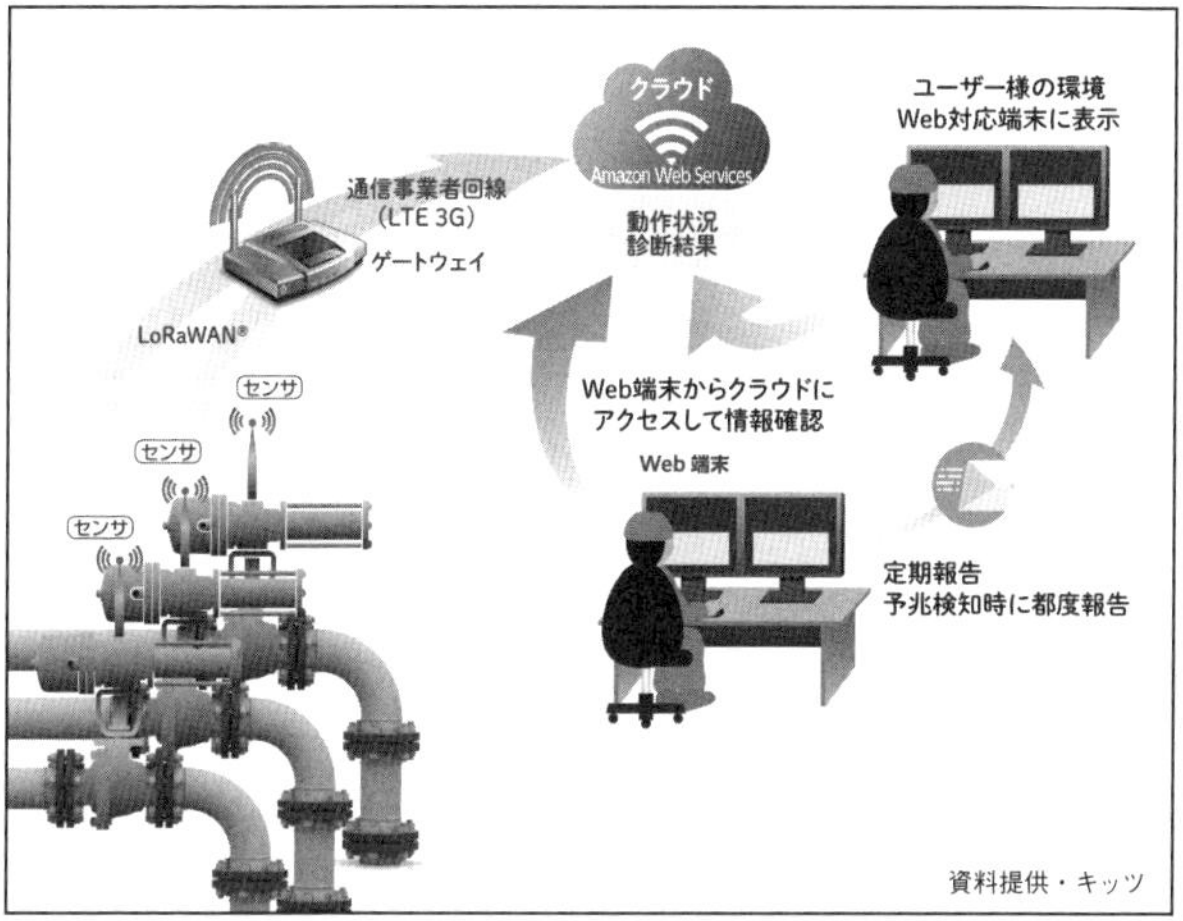

資料提供・キッツ

で、突発的なトラブルを未然に防ぐことを実現しなければなりません。まずは課題解決のコンセプトを作るためにアイデアを考え、引き続き多くのお客様を訪問し、忌憚のないご意見をいただきました。バルブは気体や液体、粉体といった流体の形状、バルブサイズ、温度・圧力などによって、規格が様々で種類が非常に多いため、実現可能なものとして1つにまとめ上げるのに最も苦労しました。

まずは2019年に行われた展示会で、コンセプトを出展したのです。まだ実体はなく、絵に描いた餅でした。それでも興味を示してくださった会社が何社かあり、手応えを感じましたので、コンセプトを具現化する作業に入りました。

とは言え、我々はプログラミングやクラウドの専門家ではありません。それでもインターネットや本で調べ、センサからデータが取れるようプログラムを組み、無線でクラウドに上げる仕組みを自分たちで作りました。

また、データの変化を見るためにＡＩも取り入れたのです。コンセプトを具現化することを通して、素人ながらも基礎知識が身につきました。そうして理解を深めた上でパートナー企業との協業のもと製品化し、２０２２年２月よりサービスを開始。その後もお客様に使っていただきながら、より使いやすいようアップデートし、精度を上げています。今もパートナー企業任せにせず、コアな部分は弊社内で開発を行っております。

(↓) センサ等を搭載したバルブ

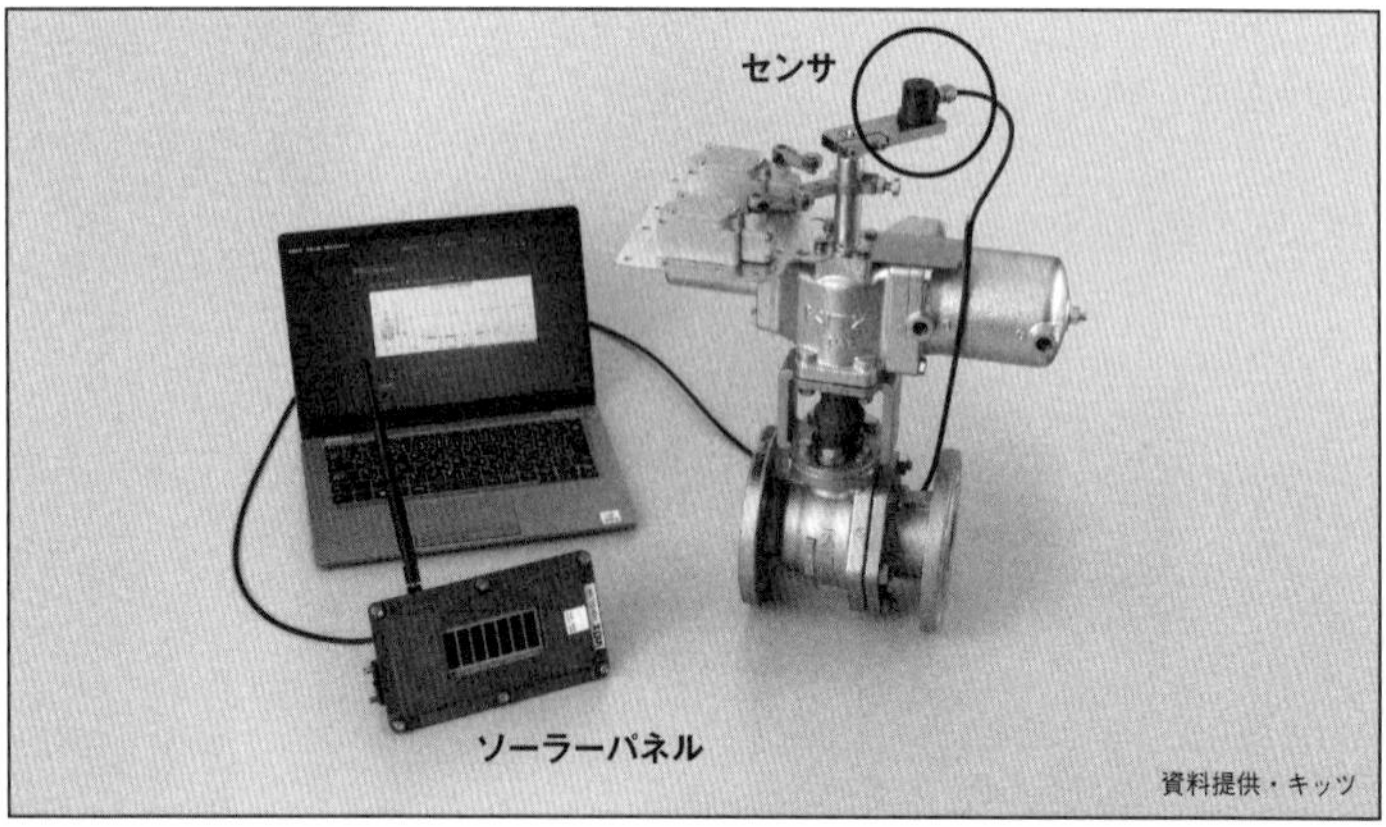

センサなどの機器類は無償で提供。Web 画面での情報提供と、モニタリング結果の提供による年間サービス契約となる。

この事業によって、お客様と直接コミュニケーションを取る機会が増えました。お客様がどのようなバルブの使い方をしているかを把握できたことで、違った視点で商品のご提案もできるようにもなりました。また、お客様からトラブルの未然防止以外の使い方をご相談されることもあります。お客様に寄り添うことで、もっと裾野を広げ、より良いソリューションの提供へ発展させていきたいと考えています。

各社の現場から

DX FrontLine

2 スマートグラスを使った遠隔支援で顧客満足度を上げ、ナレッジを蓄積する

橋本　私が所属しているカスタマーソリューション推進部の主な業務はお客様のサポートです。弊社製品によるトラブルが発生した場合、直ちに現地に出向き、原因解決に努めま

IT統括センター カスタマーソリューション推進部
カスタマーソリューション推進第一グループ
橋本友也さん

IT統括センター ビジネスシステム部
IT技術・製造グループ
越川七瀬さん

IT統括センター ビジネスシステム部
ITサプライチェーングループ
山﨑百華さん

す。そのトラブルは様々です。状況をお聞きし、それに見合った準備をして伺っても事前の想定が異なっていたり、また原因が複合的なためその場では対処できず、一旦持ち帰らざるを得ないことがあります。

東京と大阪並びに国内製造工場にある拠点で全国をカバーしているのですが、特に遠方の場合は、行き来するだけで物理的に時間がかかります。しかし、突発的なトラブルや予測不可能な事態が発生した場合、迅速に対処することが求められます。例えばプラントが1日稼働できなくなれば、お客様の損害も莫大になるからです。

そうした、トラブルを迅速にかつ的確な判断により解決するため、ビジネスシステム部とともに取り組んだのがスマートグラスを活用した遠隔支援です。

山﨑　これは、作業者がヘルメットにスマートグラスを装着することで、作業者目線の映像がリアルタイムでサポートチームに共有されるという仕組みです。複数人が現場の作業状況を見られるので、設計に携わる者や知見を持った関連部門の者が離れた場所にいながら一緒に支援できるようになりました。

さらに、支援者側から画面の拡大縮小や一時停止、ライトのオンオフといった切り替えが可能です。また、ＰＣに映し出された画面に矢印などを書き込み、適切な指示を作業者に出すこともできます。作業者は、目元のディスプレイから視覚的に指示を受け、設計図の確認もできるので、口頭では説明が難しい状況でも迷うことなく作業を進められます。

越川　弊社には約９万種類ものバルブがあり、流体の形状も気体、液体と異なるので、トラブルの原因も多様です。ベテラン技術者でさえも迷うような事例も中にはあるのですが、複数人で同時に対応できるため、素早く解決できます。

スマートグラスにより、作業者はハンズフリーで効率を落とさず作業に当たれます。重量も３００g未満と軽く、長時間の作業でも負担になりません。また、様々な環境下に対応できるよう、防水性能やノイズキャンセリングを備えています。

（↓）スマートグラスを装着し、原因を究明

資料提供・キッツ

作業の映像は教育に活用
技術継承や省人化にも寄与

橋本　スマートグラスを活用することで、お客様の満足度を上げるという点ではもちろん、弊社にも大きなメリットがありました。

これまでは現場に行った者しかトラブルの正確な状況を把握することができませんでしたが、遠隔支援だけでなく、現場の様子や対応内容を録画できるため、トラブルの状況を属人化させずに保管しておくことができます。また、データをナレッジとして蓄積することで、技術継承や教育にも役立ちます。さらに、遠隔からの支援を受けられることで、経験の浅い技術者が一人で現場へ行くことが

可能となるため、省人化にもつながっています。

越川　2023年初めにこのサービスをスタートさせ、現在は5台のスマートグラスを使用しています。お客様のサポート以外にも、自社工場内で新たな使い方ができないかと研究を進めているところです。

橋本　タイとシンガポールにもお客様をサポートするナショナルスタッフがおり、そこでの活用も検討中です。海外ではより複雑なトラブルが発生する場合もありますが、このスマートグラスを活用すれば、日本にいる支援者の指示を仰ぎながら作業を進められます。現地に人を派遣しなくても、迅速に解決できるので顧客満足度向上につながります。グローバル市場を攻略していくためには、こうしたサポート面の充実も欠かせません。

遠隔操作を行うには通信環境が必須なため、日本でも地下や山奥など場所によっては厳しいケースもあります。また、機密情報の観点からスマートグラスの使用ができない場合もあり、全てのトラブルに対応できるわけではありません。それでも事例を蓄積させていくことで、将来的にはＡＩを使うなど、さらに新しいサービスを展開できればと思います。

「DX TODAY」9号（2024年9月発行）にて掲載。内容ならびに役職は取材当時のものです。

【石島さんとの対談を終えて】

石島さんが説明されたキッツの長期経営ビジョンは3層構造からなっていました。

1層目はビジネス。社員の方の2割が参加するBX（ビジネストランスフォーメーション）タスクフォースは、全社をデジタルでサポートし、従業員の満足度を上げるものでした。2層目はテクノロジーで、デジタルワークプレイスによる働き方改革やデータ活用基盤整備等。3層目はオーガニゼーション（組織）で、IT統括センターを中心にIT環境の運用・保守だけではなくアウトソースによる効率化を目指しています。その結果、経済産業省が定める「DX認定事業者」を取得しました。

こういった広範囲で多層的なDX戦略を着実に実行されている中で、対談の最後では、「トランスフォーメーションを難しく考えない」等、石島さんらしい逆説的な提言をされています。石島さんとの対談の中で非常に興味を持ったのは、もともとのご経歴でコンピューターやプログラムにまったくご興味がなかったにもかかわらず、任されてから事業全体が見えてきて、非常に楽しくなったとお話しされたことです。

さらに、石島さんはキッツに入られて、働き方大改革を立ち上げたものの反対する人もいて、社内を二分したとのことでした。ですが、そこをどのように乗り切っていくかが大事だと。つまり、デジタルを導入するだけなら反対する方がいても、さっと入れてしまえば終わりですが、それでは意味がないことをとても意識されている。それがキッツさんのDXが非常にうまく進んでいる理由なのでしょう。

繰り返しになりますが、石島さんはトランスフォーメーションをあまり難しく考えない方がいいとおしゃっています。新規事業を作るとか、レボリューションを起こすという前に、日々の仕事の仕方を変えて、お客様の立場に立ってサービスを改善していこうと。

わかりやすく、かつ、ステップバイステップで始めたというのが特徴的で、おそらくキッツさんの社風に合うやり方だったのでしょう。DXの本質であるトランスフォームをどう変えるかということにフォーカスされていたことが成功の秘訣だと思います。

コラム

風通しを良くし、当たり前を疑うＤＸ

「トランスフォーメーションを難しく考えない」とはどういうことでしょうか。これは、多くの人がトランスフォーメーションを難しく考えていることの裏返しです。ＤＸと言うと、とかく「××のＩＴシステムの導入」や「××のＡＩの導入」など技術面が強調されがちですが、そうなるとＩＴシステムやＡＩといった未知の領域を知る必要があり、それらシステムが自分たちのやりたいことに合っているのかをウインドウショッピングのように際限なく探すことになりかねません。「日々の仕事の仕方を変える」、「お客様の立場に立ってより便利なサービスへと改善する」という当たり前のことから変えていこうとするスローガンは、自分たちの仕事を見つめることから始めよう、つまりＤＸでの主役は誰かという問いかけです。

次に、「言いたいことをきちんと言える会社の風土」についてです。これも、日本の製造業では言いたいことが言えない場合がある、ということでしょう。では、「言いたくても言えないこと」とはどのようなことでしょうか？

製造業に限りませんが、日本の会社組織では、縦方向にはヒエラルキー（職務階層）がきつく、また横方向にはサイロ化の壁があって、上にも横にも意見が言いづらい（ただし下には言える）傾向がありがちです。もっとも、ヒエラルキーにもサイロ化にも理由があって、それぞれの部署・人の責任所掌を明確にしてガバナンスを効かすため、歴史的に発展したものです。何かの問題が発生すれば、責任の曖昧さを回避してきっちりとルールを決めていく。別の問題が出れば、再びルールを決める。そうやって誤りを1つずつ正していけば、最後にはみんなが幸せになる明るい未来が待っている……のでしょうか。いわゆる「正しいが真っ黒な未来」が待ち受けていませんでしょうか。これはもうDX云々の問題ではないわけですが。

ルール設定やルールに従うことは、安全面やコンプライアンス面で必要不可欠ですが、おそらくそのルールを必要に応じて変えるよう提言できる、あるいは少なくとも役職を超えて意見しても怒られない風土が必要です。

今、日本の社会やグローバルの製造業においては、ビジネスというゲーム自体が変わりつつあります。お客様の立場に立っていたつもりが、実はもうそこには誰もいなかった、というようなことも起こり得ます。これまでは当たり前だったことが、これからも当たり前であるとは限りません。このような社会や市場の変化を予測することは非常に困難で、各社苦労されているのではないでしょうか。

実は、これには未来や変化を予測するより、自ら未来と変化を作り出す、という処方箋があります。観測・予測は受け身の考え方に支配されがちです。一方、未来を作るという考え方は常に能動的です。予測しているだけではわからなくて、動き出して初めてわかることもあるでしょう。未来を自ら作るという考え方は、会社の将来を担う有望な若者を引き付けるビジョンにもなると思います。

とは言え、このようなことを会社で言うと「お前はトランスフォームをわかっていない」とかヒエラルキーの上位からおしかりの言葉をいただくかもしれません。しかしもしその会社が、「トランスフォームを難しく考えない」だったり「言いたいことを言っていい」風土を持つ会社だったとしたら……。その先には、自ら作り出した明るい未来が待っているのではないのでしょうか。

第 10 章
横河のDX その始まり

chapter 10

失敗から始まった横河のＤＸへの取り組み

横河電機株式会社　執行役
横河マニュファクチャリング株式会社　代表取締役社長
永井　博

15年ほど前の話ですが、私が生産技術者として現場を担当している時に、出荷した製品に付ける材料証明書を取り違えるというミスがありました。当時の品質保証責任者からは、同様の事例が過去にも起きていることから、再発防止を強く指示され、私はそのミスを徹底的に検証することにしたのです。ミスが発生する原因とその対策について、こうすればいいか、ああすればできるかといろいろ考えた末、同じミスを二度と起こさないための、デジタルを活用したトレーサビリティの仕組みを作りました。思えば、それが今につながる弊社の生産におけるＤＸへの取り組みの始まりと言えます。

弊社の製品は、ネジなどの部品作りからスタートします。ステンレスなどの素材を購入して作るのですが、購入するとその素材の成分を保証する材料証明書が素材ごとに紙で1

枚付いてきます。

仮に購入したステンレスの塊を削り、部品が100個できるとします。するとその100個それぞれに材料証明書のコピーを付けなければならず、しかもその部品と紙を常に一緒にする必要がでてきます。ところが部品を熱処理するとなると、紙の証明書を一緒に炉の中に入れることはできません。短い時間ですが、証明書と部品が離ればなれになります。このように、いくつもの工程、切削や洗浄、乾燥などを経る中で、どうしても互いが離れる瞬間があり、その度に人の手で紙とモノを突き合わせる必要が出てきます。

部品はラインを流れながら製品の組み立てに使われるのですが、同じ部品だけが流れているのではありません。数種類もの部品が絶え間なく流れ、さらには、後から流れてくる部品が先に使われることもあります。

加えて、ラインを流れる部品や製品にはいろいろな紙が付いてきます。証明書や納品の仕様書、作業の途中で参照する指示書やチェックシートなどです。

作業者は、それらを1つ1つ手に取り確認し、1つの製品を加工し終わると、その製品をラインに戻し、紙を添える。単純とは言え紛らわしく、神経を使う作業です。それらを取り違えないように、モノと情報が正しくセットであることを、目を皿のようにして確認する。私たちはそれを「情物一体」と呼んでいますが、紙の時代はこのように、人がダブルチェック、トリプルチェックをしながらミスを防いでいました。

この「情物一体」をどうやって構築するかは、品質保証上の重要な課題でした。標榜する「品質の横河」をないがしろにはできません。

色を付ける、溝を入れる、印を入れる、入れものを分けて炉の中に入れる、2つのロットを同時に洗浄機に入れないようにする……など、様々な試行錯誤を経てたどり着いた1つの対策が打刻です。一品一葉の二次元コードを打刻することで、多少の熱処理や洗浄が入っても読み取れる状態を作り出し、そこからIDを使ったトレーサビリティの仕組みにつなげました。ラインを流れる主要な部品や製品にIDを振って書類と紐付けることにより、書類を作業現場でいつでも読み出せるようにしたのです。読み出せれば、その紙は不要です。証明書も、材料を購入する部署が受け入れ処理の際に、証明書をスキャンして登録し、IDに紐付けてデータベースに入れる。モノが流れてきて、お客様が証明書を求めているなら、書類を添付する時に二次元コードを読み取ると、そこで初めて紙に印刷されます。この時点で他の書類は存在せず、違う書類を付けてしまうことはまずありません。

二次元コードを打刻したID処理は、「情物一体」で品質を保証するためでしたが、個別の情報を部品や製品に紐付けることができるようになると、それが作業の改善にも生かされるようになりました。その1つがＩＤを利用した作業指示の仕組みです。

「ＪＩＴピッキング」（ジャスト・イン・タイムのピッキング・システム）と呼んでいるもので、例えば製品を組み立てる時に、その製品に振られているＩＤを備え付けのリーダーでピッと読むと、取り付ける部品のフタが開くという仕組みです。その部品を取り付けると作業が終わったことを検知して、次に取り付ける部品のフタがまたパカっと開く。

これはもちろん品質にも関わりますが、品質というよりもむしろ改善です。誰もがそこに立ってＩＤをリーダーにかざしてヒットすれば、作業手順の通りに部品がセレクトされる。従って作業順序通りに部品を取り付けることができ、間違いも起こらない。

この「ＪＩＴピッキング」は工具とも連動しています。例えば作業台に複数ある電動ドライバーは、その時に使うドライバーしか動きません。ですから、間違った工具で締めるようなことはなくなります。こうした間違わない仕組みがあるので、作業者は余計な心配をせず、さっと作業場に入って、さっと作業ができるのです。

弊社の甲府工場では日当たり1000台を超える製品を作っています。主力は差圧・圧力伝送器と呼ばれる圧力センサーです。受注生産に特化しているため、毎日1000台の仕様の異なる製品が1つずつラインを流れます。しかし、見た目はほとんど同じため、注意をしていても、白のキャップを付けなければならないのに、手元にあった赤のキャップを付けてしまう。以前はそのような部品の取り違えなどがありました。そのため、作業員の隣には常に検査者がいて、付ける部品を視認してチェックシートにチェックしていました。それでも間違えることがあるので、さらにもう一人検査者を置いてダブルチェックしていたのです。一人ではなく二人でチェックする。そうすれば、そのトラブルに関してはある程度担保できる、というやり方でした。

品質を検査の強化で追求すると、品質を高めるほどコストがかかりますが、IDを取り入れることでトラブルが起きるたびに検査を追加するという考え方から脱却できたのです。「自工程完結」と呼ぶこの仕組みが絶対に間違えない仕組みだと確認し、検証された項目を1つ1つチェックシートから削除して、最終的には二者による検査を廃止しました。このことから、品質を高めながらコストの削減が可能だという気付きを得ました。

「自工程完結」により、現場のリーダーや作業者は全ての作業ミスを発見しなければならないプレッシャーから解放されました。ミスが起きる余地があれば、それは改善対象になりました。すると作業者は、製品のわずかな汚れや鏡面の曇りなど別のところに気付くようになり、そういった意味でも品質に対する感度は一層高まっています。

作業にゆとりができた結果ですが、それを無駄と考えるのか、そうではなく、本来やるべきことに集中できるようになったと考えるのか。線引きはいろいろあると思いますが、私はポジティブに、作業者が本来やりたいこと、やるべきことに専念できるようになったと捉えています。結果として現場が、あるいは現場のマインドが大きく変化したということです。

品質の1つの指標である、出荷流通した製品の不適合率を見ると、弊社ではDXへの取り組みが進む中で大きく改善してきました。以前は％オーダーで管理していたものがＰＰＭ（１００万件当たりの欠陥品発生率を表す単位）オーダーとなり、今では1桁台のＰＰＭとなって、それを維持・継続できています。シングル（1桁台の）ＰＰＭという数値は、民生品や自動車、工業製品よりもはるかに高い水準であり、航空機などと比較できるレベルと言えます。それは、「品質の横河」という意識を持って、こういった取り組みを長い間、粘り強くやってきた成果だと思っています。

あとがき

自社メディア「ＤＸ ＴＯＤＡＹ」では、ＤＸを成功に導いた９社のデジタル部門の責任者の方をお招きし、ＤＸにまつわる様々なお話をお伺いしました。回を重ねるごとに、各社全然違うところを目指して進められていることに大変興味を持った次第です。

皆さんに共通していたのは、デジタルを取り入れることを目的としているケースは１つもなかったということ。何を目指すのか、それが社内のトランスフォームなのか、あるいは新規事業を創出するのか、あるいは別のことなのか。ＤＸに対する考え方は各社様々ですが、とにかく何らかのトランスフォームを目的にＤＸを進め、その手段の１つとして、デジタルを活用されているということでした。

つまりツールありきではなく、目指すものに向かってどんなデジタルツールを取り入れるか、どのように組み合わせて使っていくのかという流れが必然というわけです。

スイスの国際経営開発研究所（ＩＭＤ）が今年（２０２４年）６月に発表した「２０２４年世界競争力ランキング」では、日本は38位と３年連続で過去最低を更新しました（67か国・地域が対象）。特にビジネスの効率の評価が低くなっています。これもDXがうまく進んでいないことの表れでしょう。しかし、正しい順序で、自社の社風や文化に合う方法を見つけて進めていけばきっと成功するはずです。

冒頭にも述べましたが、この中でどれか1つでも自分の会社に向いている、ヒントになった、というのであれば幸いです。あるいは、ひょっとしたらまったく別のX、あるいは別の目的が自分の会社には適しているというアイデアを何かインスパイアできたのであれば、非常に嬉しく思います。

２０２４年11月20日　清水　誠

現場から考える製造業のDX DX TODAY編

発行日　2024年12月20日　第1刷

Author　清水誠

発行　ディスカヴァービジネスパブリッシング
発売　株式会社ディスカヴァー・トゥエンティワン
〒102-0093　東京都千代田区平河町2-16-1 平河町森タワー11F
TEL　03-3237-8321（代表）03-3237-8345（営業）
FAX　03-3237-8323
https://d21.co.jp/

Publisher　谷口奈緒美

Producer　船山浩平(サウンズグッドカンパニー)

Editor　篠塚順　中木純(サウンズグッドカンパニー)

Store Sales Company
佐藤昌幸　蛯原昇　古矢薫　磯部隆　北野風生　松ノ下直輝　山田諭志　鈴木雄大　小山怜那　町田加奈子

Online Store Company
飯田智樹　庄司知世　杉田彰子　森谷真一　青木翔平　阿知波淳平　井筒浩　大﨑双葉　近江花渚　副島杏南
徳間凜太郎　廣内悠理　三輪真也　八木眸　古川菜津子　斎藤悠人　高原未来子　千葉潤子　藤井多穂子
金野美穂　松浦麻恵

Publishing Company
大山聡子　大竹朝子　藤田浩芳　三谷祐一　千葉正幸　中島俊平　伊東佑真　榎本明日香　大田原恵美　小石亜季
舘瑞恵　西川なつか　野﨑竜海　野中保奈美　野村美空　橋本莉奈　林秀樹　原典宏　牧野類　村尾純司
元木優子　安永姫菜　浅野目七重　厚見アレックス太郎　神日登美　小林亜由美　陳玟萱　波塚みなみ　林佳菜

Digital Solution Company
小野航平　馮東平　宇賀神実　津野主揮　林秀規

Headquarters
川島理　小関勝則　大星多聞　田中亜紀　山中麻吏　井上竜之介　奥田千晶　小田木もも　佐藤淳基　福永友紀
俵敬子　池田望　石橋佐知子　伊藤香　伊藤由美　鈴木洋子　福田章平　藤井かおり　丸山香織

Proofreader　室田弘
Book Designer・DTP　川崎和佳子
Printing　日経印刷株式会社

ISBN978-4-910286-48-8